Peter Horst

Als Noah aus der Arche stieg

Spannende Geschichten der Bibel ... für Jugendliche neu erzählt

Mit Illustrationen
von Jani Reining

Gütersloher Verlagshaus

Bibliografische Information Der Deutschen Bibliothek
Die Deutsche Bibliothek verzeichnet diese Publikation in der Deutschen
Nationalbibliografie; detaillierte bibliografische Daten sind im Internet über
http://dnb.ddb.de abrufbar.

Gesammelt und teils überarbeitet
Kassel, Anfang 2004

Für meine Enkel
Julia, Fabian, Lisa, Lukas, Irmela und Jakob

ISBN 3-579-02384-5
© Gütersloher Verlagshaus GmbH, Gütersloh 2004

Umschlaggestaltung: Init GmbH, Bielefeld,
unter Verwendung einer Illustration von Jani Reining, © bei der Künstlerin
Druck und Bindung: GGP Media, Pößneck
Printed in Germany

www.gtvh.de

Inhalt

* Diese Geschichten wurden zusammen mit Ingrid Scholz, Kassel, verfasst.

Vorwort

Es gibt Menschen, die erklimmen die höchsten Berge der Erde. Andere umrunden die Weltmeere in kleinen Segelbooten oder die Erdteile in Ballons. Alle Achtung! Auch wenn sie es nicht schaffen. Und es gibt immer wieder junge Menschen, die wagen sich an das Buch der Bücher. Sie versuchen die Bibel von vorn bis hinten durchzulesen.

Wenn ich solche Lese-Abenteurer, Lukas oder Sandra, dann frage, wie weit sie denn gekommen seien, werden sie bald kleinlauter. Ich frage: »Spätestens im dritten Buch Mose stecken geblieben?« – »Ja, so ungefähr. Das wurde ja auch immer langweiliger. Nur lauter alte Gesetze!« – »Kann ich gut verstehen. Ist ja auch nicht zum Durchlesen wie ein Roman geschrieben worden.«

Eigentlich schade. Denn wie kein anderes Buch hat die Bibel das Denken der Menschen beflügelt, sie aus Verzweiflung und Angst herausgelockt, sie wieder auf den Weg gebracht zu neuem Mut und ihre Hoffnung entfacht. Allerdings haben sich auch manche bösen Aktionen von Juden und Christen auf dieses Buch berufen wollen. – Also doch interessant?

Jedenfalls gibt es darin wundervoll spannende Geschichten – auch für junge Menschen. Aber die muss man in dem dicken Buch erst finden. Denn dazwischen gibt es lange Aufzählungen von Stämmen und Abstammungen, lange Gebete und Sammlungen von Lebensweisheiten, Reden gibt es, die gehalten, und Briefe, die in alter Zeit geschrieben wurden. Darum wurden Bibeln für junge Menschen gedruckt, in denen nur die interessanteren Geschichten oder Stücke zusammengestellt sind.

Aber da sind noch die anderen Hindernisse wie Sprache und Stil, an denen interessierte junge Leserinnen und Leser scheitern. Man merkt es, wenn sie laut vorlesen wollen. Sie stolpern dauernd über eigenartige Worte, bleiben in langen Sätzen stecken.

Die Geschichten der Bibel sind alle erst von Generation zu Generation weitererzählt und geformt worden. Meist viel später wurden sie dann auch aufgeschrieben. Aufgeschrieben in einer Form, wie man in alter Zeit erzählte.

Inzwischen hat sich in der Kunst des Erzählens manches geändert. Leserinnen und Leser heute sind an den neuen Stil gewöhnt und haben Probleme mit der alten Art. So legt sich neues Nacherzählen der alten Geschichten nahe, damit sie für uns am Leben bleiben. Denn sie sind es wert. Stellen sie unser eingefleischtes Verhalten doch oft hart in Frage, unsere Beurteilungen von Menschen und ihren Handlungen, auf die wir festgelegt sind und sie für die einzig richtigen halten. Es befreit und erweitert unser Bewusstsein, wenn die Geschichten der Bibel uns ganz andere Möglichkeiten aufweisen.

Die hier gesammelten Geschichten habe ich alle zunächst immer wieder frei vor Gruppen von meist jugendlichen Hörerinnen und Hörern erzählt. Je nach dem, wie sie darauf reagierten, habe ich das Erzählen für die nächste Gruppe abgewandelt und dann erst schließlich auch aufgeschrieben. Ich hoffe, dass man das noch merkt und Spaß beim Lesen hat.

Danken möchte ich den vielen jugendlichen Hörerinnen und Hörern, die mich durch ihr gespanntes Zuhören bestätigt oder auch durch nachlassende Aufmerksamkeit zum Überdenken und Straffen der Erzählungen gezwungen haben. Für ihre kritische und anregende Begleitung danke ich auch meinen beiden Pfarrerkollegen Ludwig Keller und Ingrid Scholz.

Kassel, im Januar 2004   *Peter Horst*

Als Noah aus der Arche stieg (1 Mose 8)

Als der große Regen kam und das Wasser stieg, da schwamm sie schaukelnd auf der Todesflut, mitten im Weltuntergang, die Arche Noah, von der ich erzählen will.

Drinnen sitzen sie eingepfercht, geduckt von Angst, die wenigen Menschen der Familie Noah: er und seine Frau, ihre drei Söhne Sem, Ham und Japhet mit ihren Frauen und ihren Kindern. Und dann die vielen, vielen Tiere. Von jeder Art ein Paar und von den reinen Tieren sieben Paare.

Dieses Archenschiff, der so genannte »Rettungskahn«, ist übrigens nach der alten Erzählung sehr viel größer gewesen, als man sich das so vorstellt: Ein Kasten, 138 Meter lang, 23 Meter breit, 14 hoch. Eingeteilt in drei Stockwerke. Ich habe das ausgerechnet: pro Stockwerk über dreitausend Quadratmeter, zusammen neuneinhalbtausend Quadratmeter.

Ein roher Kasten war die Arche, aus Baumstämmen gezimmert. Viele Jahre muss der Noah dazu gebraucht haben, das gewaltige Projekt zu planen und die Rettungsaktion mit seinen Söhnen zu bauen, die Arche so stabil und seetüchtig zu machen, dass sie der Todesflut widerstehen kann.

So verdanken wir ihm unser Dasein mit der ganzen Tierwelt, außer denen im Wasser natürlich. Oder wir verdanken es dem Lebendigen, der Noah diesen so absurden Einfall in den Kopf gesetzt hat. Niemand dachte an Weltuntergang, als er, Noah, schon das Ungetüm von Rettungsschiff irgendwo auf der Welt baute, sich jedem Spott damit aussetzte und dann auch kein Würmchen und keine Fliege vergaß zu sammeln und paarweise mitzunehmen.

Wie sollen wir uns diesen Noah vorstellen? Was ist das für ein Mensch? Er lebt in einer Zeit, in der Gewalt überhand nimmt, der Mensch unfähig ist, Leben zu erhalten und zu fördern, in der das rücksichtslose Leben auf Kosten anderer die Katastrophe heraufbeschwört. Und da wird er, Noah, als »gerecht« bezeichnet. Und das meint doch wohl: Dieser eine wird den Lebensmöglichkeiten gerecht, dem Sinn der Schöpfung, Gott selbst.

Ob er noch mehr Menschen hätte retten sollen? Vielleicht wollten sie nicht, haben sein Unternehmen verspottet, bis es zu spät war. Für die Tiere jedenfalls hat dieser Noah selbstlos und umfassend gesorgt, mit Herz und Verstand nicht nur für Gorillas und Pandabären, sondern auch für Spinnen, Mücken, Asseln, Läuse und Schaben. Sorgfältig hat dieser kenntnisreiche Tierfreund sie alle gesammelt und gerettet.

Wie groß die Überlebensarche heute sein müsste? Angesichts der drohenden Flut von Giften und Strahlen – landgroß unter Glas oder tief in der Erde mit riesigen Filteranlagen? Oder in der Geschichte zurückfahrend bis zur vorindustriellen Zeit? Oder gar nicht so, sondern aktiv als Initiative, als eine zumindest Teile der Gesellschaft bestimmende Initiative. Stabil nicht durch kunstreich aneinander gefügte und verstrebte Baumstämme, sondern stabil durch viele, viele Menschen, die den Rettungswillen tragen und durchsetzen, die gut zusammenarbeiten und sich nicht auseinander drücken lassen durch die anflutenden Kräfte der Zerstörung.

Die alte Geschichte ist wie ein Bild, mit ein paar großen Linien hingezeichnet. Da sollen wir jeweils neu unsere Weltbedrohungen und Todesängste hineinmalen, damit das Bild auflebt für uns. Bis hin zu schrecklicher Verwirrung oder Krankheit, die Einzelne von uns nur mit Mühe und Gott sei Dank überstanden haben oder die für andere noch qualvoll anhalten. –

Wie lange das damals gedauert hat? Wie lange es vom Himmel heruntergekommen und zugleich aus den Höllentiefen heraufgestiegen ist und alles überschwemmt hat, erstickt und ertränkt? – Schon die alten Erzähler der Bibel und die noch viel älteren Erzähler anderer Völker geben darauf sehr verschiedene Antworten: Vierzig Tage und Nächte Sintflutregen – oder ganze fünf Monate. Vielleicht auch fünfeinhalb Jahre wie der

Zweite Weltkrieg. Oder besser: Solange der Faschismus und andere menschenfeindliche Ideologien die Welt überfluten, von Ost und West, von Süd und Nord, mit Todeswellen erst der Verteufelung und dann der Ausrottung.

Und jedenfalls ist es auch in der alten Arche mit Sicherheit kein Vergnügen gewesen. Die verschiedenen Tiere, die immer nervöser werden, die herumrennen, flattern, kriechen und dabei heulen, zischen, knurren, brüllen. Mühevoll auseinander gehalten Katz und Maus, Wolf und Lamm, Löwe und Gazelle, die alle auch mit irgendwas gefüttert und irgendwie sauber gehalten werden müssen.

Wie die Noah-Familie das alles organisiert hat und bewältigt? – Undenkbar! Wo sie den anfallenden Mist und Unrat hintun? – Undenkbar! – Und das alles noch im Dunklen, denn es gibt nur eine einzige kleine Fensterluke oben im Dach und die ist auch noch verschlossen wegen des flutstark prasselnden Regens. Feuer an Fackeln oder Kienspan? Undenkbar in dem hölzernen Kasten und mitten unter den Tieren, die vor Angst wegstürmen oder sich wie die Nachtfalter hineinstürzen würden!

Und dann erst die Luft! Bei den vielen Tieren, monatelang. – Völlig undenkbar! Und dazu das unaufhörliche Trommeln des Regens und das Schlagen der hohen Flutwellen gegen die Wände dieses stinkenden Ungetüms von Rettungsschiff! Tag und Nacht. Wochenlang, monatelang. –

»Aufhören soll das endlich! Aufhören, aufhören!«, schreit Noahs Jüngster, der Japhet. Er schlägt die Stirn gegen einen Archenbalken, hat die Nerven verloren: »Aufhören soll das Schwanken, das Prasseln, das Schreien, der Gestank, die Dunkelheit, die Angst! Aufhören soll das alles, aufhören! Nur, um das bisschen Leben zu retten, das sowieso in dem Kasten hier erstickt!« – Seine Frau legt den Arm um ihn, beruhigt ihn. Er weint wie ein Kind.

Und dann hört es tatsächlich auf. Das Prasseln und Rauschen und Trommeln des Regens hört endlich auf. – Ich denke mir das ähnlich wie damals im Mai 1945 in den zerstörten deutschen

Städten: Das Heulen der Sirenen zur Warnung oder Entwarnung, zuletzt in immer engeren Abständen, die Einschläge der Bomben und Granaten, das Prasseln der Tieffliegersalven, die Abschüsse der Abwehr – es hört auf. Die Nächte und Tage sind still, plötzlich so ungewohnt und auch unheimlich still. –

Ich stelle mir das in der alten Arche vor, als der Regen endlich aufhört. Erst merken es die im obersten Stockwerk und werden still. Alle, auch die Spatzen, die Gänse und Papageien. Und dann setzt es sich fort in die unteren Stockwerke.

Wer schon einmal herauskam aus langer Angst und Bedrängnis, aus nervendem Stress, aus qualvollen Schmerzen, der empfindet mit, wie das ist, wenn sich Stille ausbreitet, wohl tuende Stille.

»Gott gedachte«, so sagt es der alte Bericht, »Gott gedachte an Noah und seine Familie und an die vielen, vielen Tiere in der engen Arche.« Wind regt sich, der Regen hört auf, das Wasser der Flut fällt. Aber es dauert noch seine Zeit, bis Menschen und Tiere herauskönnen. Der ausführlichere der beiden Berichte in der Bibel stellt sich die Zahlen und Daten genau vor: Sechs oder sieben Wochen sind es noch, bis die Arche sanft auf dem Gebirge Ararat aufsetzt. Nun hört auch das Schwimmen und Schwanken endlich auf. Die Rettungsaktion bekommt festen Boden unter die Füße bzw. unter den Kiel.

Und da macht sich der alte Noah endlich daran, die Klappe zu öffnen, ganz oben im Dach. Natürlich müssen erst die Dichtungsmittel entfernt werden. Die Klappe ist auch durch das viele Wasser verquollen und arg verklemmt. Aber mit Hilfe der Söhne gelingt es. –

Licht! Plötzlich so hell, dass es die Hand vor die Augen zwingt. Luft zum Atmen, frische Luft! Freiheit! Den Himmel sehen, der wieder heller wird wie im Frühling. Hoffnung regt sich. Das Leben wacht auf, neu, wie am ersten Schöpfungstag: »Es werde Licht! Und es ward Licht.« –

Das kleine offene Fenster oben im Dach. Für die ganze große Arche ein erstes Hoffnungszeichen. Wie in unserer Zeit Ansätze von neuem Bewusstsein für Frieden und Schonung der Umwelt.

In der Arche haben die im obersten Stockwerk am meisten davon. Ich denke mir, dass dort die Vögel untergebracht sind. Die werden jetzt ungeduldig, probieren die Flügel mit vorsichtigem Geflatter. Aber noch lässt Noah niemanden raus. Nirgends ist Land zu sehen, überall Wasser, nur Wasser.

Da drängt sich doch etwas Kräftiges an Noah vorbei ins Freie. Nichts Vogelähnliches. Ach so, der Rüssel der findigen Elefantenkuh, der indischen. Die Elefanten sind nicht bei den Vierfüßigen im mittleren Stockwerk untergebracht. Sie stehen mit den übrigen Kolossen wie Flusspferd und Nashorn im untersten Geschoss, um den Schwerpunkt der Arche nach unten zu verlegen wegen der besseren Wasserlage. Dort haben die Kriechenden, Wimmelnden und Surrenden ihren Platz, die ja sorgfältig von den Vögeln getrennt werden müssen. Die Elefanten haben zwar ihrer Größe wegen wie die Giraffen über sich eine Öffnung ins zweite Geschoss. Wie die schlaue Elefantin mit ihrem Rüssel auch noch durch die Decke des oberen Geschosses bis zur Dachluke gekommen ist, darüber muss selbst der alte Noah staunen. Sie saugt ganz tief die gute frische Meeresluft ein und lässt einen Trompetenton von großem Wohlbehagen hören. Jeder in der Arche merkt auf: Es muss etwas Hoffnungsvolles geschehen sein.

Auch genügt der kleine Schimmer Licht, aus mancherlei Gespenstern der Dunkelheit wieder die Gestalt von richtigen Tieren zu machen. Das Gnu hat natürlich angsträumt, der Löwe habe schon zum Sprung angesetzt; die Ziege, dass der Wolf sich losgerissen habe. Nun zeigt der Lichtschimmer alle noch an ihrem Platz. Und ganz langsam dringt die gute frische Luft durch – bis ins unterste Stockwerk. Das tut gut!

Auch darüber sind sich die alten Erzähler nicht einig: Hat der Noah wirklich den als unrein geltenden Raben zuerst und überhaupt aus der Arche gelassen? Vielleicht hat sich das neugierige Tier auch nur durchgedrängt. Hat Noah nur oder auch eine Taube ausgeschickt? Tauben gelten als reine Tiere. Jedenfalls ist Noah darauf aus, seinen eigenen beschränkten Gesichts- und Erfahrungskreis dort unter der Dachluke durch die größere Weitsicht fliegender Boten erweitern zu lassen. Dabei benutzt er – so steht es jedenfalls in unserer Bibel – interessanterweise zwei unabhängig voneinander arbeitende Nachrichtensysteme, von verschiedenen Interessen geleitet: Rein vegetarisch, haustierverdächtig und bekanntermaßen friedlich: die Taube. Räuberischer, wild und vielleicht in manchem etwas klüger: der Rabe.

Als ob einer nicht nur die Darstellungen der eigenen Partei oder Konfession berücksichtigt, sich die eigene Meinung dadurch wohl tuend bestätigen lässt, sondern auch die andere Seite hört.

Im Fall Noah soll der Rabe – schwarz wie er nun mal ist – ständig hin und her geflogen sein, ohne das geringste Zeichen der Hoffnung zu entdecken. Auch dann nicht, als die Spitzen der Berge längst aus der Flut herausragen. Zunächst findet auch die schnelle Taube nichts. Abends kreist sie enttäuscht und müde um die Arche, bis Noah ihr aus der Luke heraus liebevoll seine Hand als Landeplatz anbietet und sie vorsichtig zurück in die Arche holt.

Eine Woche lang wartet Noah, Tag um Tag. Dann schickt er die Taube erneut aus. Abends hat sie das weltbekannte frischgrüne Blatt vom Ölbaum im Schnabel. – Die Ungeduld der Tiere ist kaum noch zu bändigen. Der vorsichtige Noah wartet trotzdem noch einmal eine Woche, bevor er die Taube wieder fliegen lässt. Sie kommt nicht mehr zurück, abends nicht und die Tage drauf auch nicht. Neue Lebensmöglichkeit hat sie auf der verschlammten Erde entdeckt. Eindeutig, denn alle Raubvögel, die sie gerissen haben könnten, sind noch in der Arche. –

Da weiß Noah, dass es an der Zeit ist. Er hebt das ganze Dach von der Arche, Stück um Stück. Alles, was gefiederte Flügel hat, hebt sich auf und davon. Nur die Raubvögel müssen noch etwas warten, damit die anderen Zeit haben, sich vorzusehen und zu verstecken. Auch die zusätzlich mitgenommenen reinen Vögel bleiben bei den Menschen.

Und dann macht Noah auch unten die Tür der Arche auf, damit auch die andern alle ins Freie kommen. Aber auch jetzt natürlich nicht alle auf einmal. Denn wäre es damals beim alten Noah auch nach der liberalistischen Devise gegangen – »freie Klaue dem tüchtigen Erbeuter« – hätte es sehr bald keine Nager, keine Würmer und andere Beutetiere mehr gegeben. Deshalb ist klar erwiesen: Die Gejagten wie Hasen und Mäuse bekommen einen gehörigen Vorsprung, um sich erfolgreich eingraben zu können. Die Räuber werden zurückgehalten, ebenso wie die zusätzlich mitgenommenen Haustiere.

Da gibt es eine unvorstellbare Menge von Problemen zu bewältigen. Bei manchen Tieren dauert und dauert das so seine Zeit, bis die sich aus der vertrauten bergenden Archenhöhle heraus ins Freie wagen. Manche ganz Konservative gehen heimlich bei Nacht, manche müssen gar wie die Schnecken getragen werden.

Jedenfalls: In dem Augenblick, als die Tür unten aufgeht, zieht ein frischer Luftstrom durch die nun auch oben offene Arche, weht das Stickige weg. Das ist ein Aufatmen, ein sich Strecken und Recken, Rennen und Springen, Wimmeln und Krabbeln, ein Lebendigwerden aus der Arche heraus, wie aus einem aufgebrochenen Sarg, wie Ostern. So eine Vorahnung und Vorabbildung vom Auferstehen.

Und dann, als alle Tiere längst die Arche verlassen haben, sitzt Noah immer noch auf der Schwelle, allein, den Kopf in die Hand gestützt. – Die Söhne treiben schon das Vieh zusammen, die vierzehn Rinder, die vierzehn Schafe und vierzehn Ziegen. Die Frauen packen zusammen. Die Gänse, Enten und Puten, die verschiedenen Hühner und Haustauben werden gefüttert und in Körbe gesperrt. Alles soll auf die Kamele und Dromedare, die Pferde, Maultiere und Esel geladen werden. Sie wollen endlich aus dem unwirtlichen Gebirge heraus, hinab in die wohnlichen Täler. Sie wollen mit dem Wiederaufbau anfangen.

Und Noah sitzt immer noch auf der Schwelle der leeren Arche, allein, den Kopf in die Hand gestützt.

»Warum kommt Vater denn nicht? Hat uns schon die ganzen Vorbereitungen zum Abmarsch allein machen lassen. Ob der müde ist?«, mault Ham. – »Wundert dich das?«, fragt die Mutter dagegen. »Jahrelang die Leitung der Rettungsaktion, immer wieder neu überlegen, Tag und Nacht. Sollte er nicht auch mal müde sein dürfen? Aber danach sieht er gar nicht aus, dort an der Arche. Eher so grübelnd, unansprechbar, wie damals, als er die Arche plante. Weißt du noch, Sem?« – »Was gibt's denn jetzt noch zu überlegen? Wichtig ist jetzt nur noch eins: Weg hier! Die Vorräte gehen zu Ende. Dieses Jahr noch müssen wir Felder und Gärten anlegen, müssen säen, müssen Obstbäume und Weinstöcke pflanzen, müssen Häuser bauen. Bevor der nächste Regen oder gar der Winter kommt. Oder etwa nicht? Zeit zum Nachdenken ist dann immer noch. Erstmal ein Dach überm Kopf und das Nötigste darunter. Warum kommt Vater denn bloß nicht?« –

Und Noah sitzt immer noch auf der Schwelle der leeren Arche, allein, den Kopf in die Hand gestützt.

Die Enkelin, Hams kleine Tochter Naema, läuft, nach ihm zu sehen. Aber da steht er schon auf, geht in Gedanken umher, als suche er etwas Verlorenes oder etwas, was es noch nicht gibt. – »Steine sucht er. Sehe ich richtig? Steine! Schleppt sie auf einen Haufen, schichtet sie auf. Will er bauen? Hier oben? Da mache ich nicht mit, ich nicht!« –

»Ich helfe dir, Großvater«, sagt die kleine Naema und sammelt auch kleine Steine. Dem Noah ist das gar nicht recht. Die Kleine reißt ihn aus seinen tiefen Gedanken: »Es kann doch nicht alles einfach so weitergehen wie vor der Flut«, denkt er. »Es waren doch nicht nur einzelne Menschen. Es steckt auch tief in uns, noch immer. In den alten Worten, die wir reden; den alten Gedanken, die wir denken; auch in der Art, wie wir glauben und beten. Wir müssen wirklich ganz neu anfangen, ganz neu. Und das ist so schwer: Neues suchen, wirklich Neues. Die Gedanken, Pläne, Einfälle – immer wieder gehen sie in die alten Bahnen, in das Gewohnte zurück. Ich fühle mich so unendlich leer und arm, so bettelarm – zum Gotterbarmen«, seufzt Noah.

Da merkt er, dass seine großen Steine sich nicht aufschichten lassen ohne die kleinen, die Naema sammelt. Nur, wenn sie die unter- und dazwischenlegt, hält es, wächst der Altar.

»Großvater?« – »Ja, Kind.« – »Wenn Rea und Sam jetzt hier wären und die anderen aus unserer Straße, dann ginge das viel schneller.« – »Hm.« – »Sind die jetzt alle tot, Großvater?« – »Das wird wohl so sein, Naema.« – »Haben die auch alle ein Grab, an dem jemand weint?« – »Vielleicht, Kind, – vielleicht ist dies hier das Grab für sie alle, die Bösen und Guten, die Gerechten und Ungerechten, die Heiligen und die Sünder.« – »Sind wir gerecht, Großvater?« – »Ach Kind, ich glaube, wir sind das gar nicht. Aber vielleicht glaubt Gott es, der Lebendige. Dann wollen wir versuchen, gerecht zu werden, dem Lebendigen, seiner Schöpfung.« – »Du weinst ja, Großvater!« –

Noah hat ein paar große flache Steine obenauf gelegt. Naema fragt: »Ist das ein Tisch, Großvater? Aber so hoch und so groß? Willst du jemanden einladen?« – Noah sieht seine Enkelin staunend an: »Ja, Kind, das möchte ich: einladen den Lebendigen, dass er uns nahe ist mit seinem Segen. Dass wir neu mit dem Leben anfangen, ganz neu! Das haben wir bitter nötig.« –

Dann geht Noah in die Arche zurück, reißt einige Balken und Bretter heraus, sägt und spaltet das Holz. Naema hilft es zum Altar tragen. »Willst du Feuer machen, Großvater? Oben drauf? Dann ist das ja wie ein Herd.« – »Ja, Naema, wie ein Herd, um den sich das Lebendige sammelt, wo Leben aufgenommen wird und Frieden herrscht.« – »Darf man da keinen schlagen und verjagen?« – »Keinen.« – Auch nicht, wenn er ein Räuber oder Mörder ist?« – »Auch dann nicht. An einem Altar soll jedem Menschen Schonung und Asyl gewährt werden. Ganz gleich, wer er ist und was er getan hat. Einen Ort in der Welt soll jeder haben, wohin er sich bergen kann, wo keiner ihn jagt. Vor der Flut, Naema, haben Söldner sich über dieses alte Recht hinweggesetzt, da haben sie sogar Priester vor dem Altar erschossen, im Gottesdienst; da haben sie Leute vom Altar weg verhaftet. Und dann, Kind, geht alles unter, nicht nur das alte Recht. – Aber jetzt soll das wieder gelten: Der Ort des Gottesdienstes ist ein Asylort, ein Ort der Schonung, ein Vor-Bild des letzten Friedens für alle.« –

Inzwischen sind Sem und Japhet dazugekommen: »Heute wird das nun wohl nichts mehr mit dem Abmarsch werden.« – »Nein«, meint Vater Noah, »ihr seht, dass ich einen Opfergottesdienst mit euch feiern möchte, mit allen. Auch wenn ihr lieber gleich mit dem Wiederaufbau anfangen wollt. Aber ich spüre, dass uns allen die Katastrophe noch tief in den Gliedern und in der Seele steckt. Diesen Schock dürfen wir nicht besinnungslos wegarbeiten. Da liegt kein Segen drauf, glaubt mir. Wer sagt uns denn, dass wir die Katastrophe nicht wieder heraufbeschwören, wenn wir einfach da anfangen, wo wir aufgehört haben? Nein, ich habe keine Ruhe. Ich kann das nicht! Die vielen, vielen Toten. Die Toten, die da gestorben sind, wo wir wohnen und arbeiten wollen, überall da. Ich kann nicht, Sem, Japhet, noch nicht! Es ist noch keine Versöhnung, nicht in meiner Seele, – nicht zwischen uns. Ist denn das Abstreiten schon hingeschwunden, das Herunterspielen der Schuld? Die Angst, die Wut, der Hass auf die, die vielleicht etwas mehr schuldig sind? Ist das alles etwa weg? – Neuanfang, das kann ich mir doch nicht einfach so vornehmen. Das fängt bei mir selbst an, ja, aber das ist nicht ohne Sterben möglich, ohne Todesschmerzen, ohne Opfer. Dass er doch, der Lebendige, sich unser erbarme, uns neu schaffe durch seinen Geist. Er allein kann das!« – Noah schweigt, hebt sein Gesicht in den klaren Himmel, seine Lippen zittern. – »Vater betet«, flüstert Sem.

»Ich werde jetzt das Feuer entzünden«, sagt Noah zu seinen beiden Söhnen. »Geht ihr bitte hin, holt die anderen und bringt die Tiere mit. Von allen reinen Tieren, die uns am nächsten stehen, das beste Exemplar: einen jungen Stier, einen Schafbock, einen Ziegenbock. Auch von den reinen Vögeln: einen Ganter, einen Erpel, einen Hahn und einen Täuberich.«

»Willst du die Tiere alle tot machen, Großvater?«, fragt Naema. – »Es muss sein, Kind, weil wir doch auch nicht besser und gerechter sind als alle anderen Menschen, die in der Flut umkamen. Und weil das Gefühl, wir seien doch besser und gerechter, trotzdem ständig in uns auftaucht. Die Tiere müssen sterben – für uns, als wären wir es selbst, unser Großtun, unser Unglaube, unsere Schuld, alles, was ins Verderben führt. Jeder soll den schrecklichen Tod der Tiere sehen und erleben wie seinen eigenen. Damit neues Leben werden kann, Befreiung, Versöhnung.« –

»Aber du hast doch selbst gesagt, Großvater, der Altar sei ein Ort des Friedens, wie der Herd im Haus. Niemand soll dort gefangen und getötet werden. Warum dann die Tiere, Großvater? Die haben doch wirklich nichts getan.«

Noah sieht das Kind an, dann schaut er ins Weite, wie durch die Zeit, weit voraus: »Du hast Recht, Naema. Sie haben nichts Böses getan. Im Gegenteil: Wir leben von ihnen mit Leib und Seele. Wir, wir Menschen können keinen Frieden halten. Wir können nicht vergeben und verschonen, können nicht angstfrei begegnen. Uns selbst nicht und anderen auch nicht. Nicht ohne Opfer, ohne hingegebenes Leben. Der Wille zu bestrafen ist groß in uns, bis in den Himmel hinauf und wieder herunter. Wenn wir den nicht besänftigen, können wir nicht im Frieden leben. Nicht mit uns selbst und nicht mit anderen. – Vielleicht kommt einmal einer, der alle diese Opfer auslöst, an ihre Stelle tritt, sie alle befreit. Wem dieser eine vor Augen steht, der wird Frieden haben. Und wem er in der Seele lebt, der wird Frieden bringen. – Wenn aber Menschen hochkommen, Macht gewinnen, denen dieser Eine nichts bedeutet in ihrer Seele, dann wehe! Sie werden allein nicht fertig werden mit ihrer Angst, mit ihrem Willen zu bestrafen. Sie werden wieder Feinde und Opfer brauchen, nicht nur Tiere, auch Menschen, viele Tausende, ganze Völker, auch sich selbst.« –

»Großvater, Großvater! Komm doch zu dir! Ich habe so Angst.«

Da sieht Noah wieder das Kind Naema, drückt sie an sich, und sie fühlt seine Tränen. –

Dann entfacht Noah das Feuer. Die Söhne kommen mit den Frauen, bringen die Tiere. »Genügt nicht ein Schlachtopfer, Vater? Nach allem, was wir durchgemacht und überstanden haben, können wir uns jetzt zur Stärkung doch etwas Fleisch gönnen, ein fröhliches Festmahl im Namen Gottes. Später, wenn wir wieder mehr Tiere haben ...« – »Nein, Sem«, unterbricht ihn der Vater. »Du siehst, dass ich ein Brandopfer vorbereitet habe. Das soll uns ein Zeichen sein zwischen dem Tod, der vor Augen ist, und dem Leben, das wir erbitten. Auch die reinen Tiere gehören nicht uns. Sie sind nicht nur zum Züchten und Essen und Verwerten da. Nicht nur für uns sollen sie leben und sterben. Darum geben wir von jedem eins an Gott, ganz. Damit er sie alle schütze und bewahre, auch vor uns. Dass wir sie achten und heiligen als seine Geschöpfe.« –

So legt Noah seine Hand auf jedes der Tiere, schlachtet es und sprengt das Blut an die Steine des Altars. Das Fleisch zerteilt er in Stücke, wirft sie ins Feuer auf dem Altar: ein Ganzopfer.

Lange stehen sie schweigend, legen Holz nach , lassen das Opfer auf sich wirken. Bis nur noch Asche auf dem Altar ist. Auf Noahs Gesicht ruht Frieden. Dann singen sie Lieder, sprechen von der Zukunft, über gute Gedanken, die ihnen gekommen sind.

»Wir dürfen die Erfahrungen, die wir in der Arche gemacht haben, nie vergessen«, meint Sem. »Die sollen uns leiten, wenn wir jetzt die Erde bebauen, wenn wir mit und von den Tieren leben. Beide müssen erhalten bleiben: Die reinen Tiere, die uns freundlich und nützlich sind, aber auch die unreinen Räuber und Schädlinge, wie wir sie nennen. Wer die, die ihm entgegenstehen, ausrotten will, geht mit ihnen zugrunde. Wie in der Arche müsste es sein: Den Räubern widerstehen, aber sie am Leben lassen. Vielleicht ist das ein Traum, den ich träume. Aber mit Träumen fängt neue Wirklichkeit immer an.« –

»Ähnliches ist mir auch in den Sinn gekommen«, nimmt Japhets Frau den Gedanken auf. »Aber ich weiß auch, dass es nicht leicht sein wird. Das war sehr, sehr anstrengend in der Arche. Und doch könnte ich dafür leben. Das wäre ein neuer Sinn und Segen für uns, meine ich.« –

»Ich bin mir jetzt ganz sicher«, sagt Vater Noah, »dass Gott die ganze Erde nicht mehr so ins Unheil hingeben wird, weil wir Menschen nicht sind, wie er, der Lebendige, uns in seiner Schöpfung wollte. Weil wir Zerstörendes reden, erdenken und tun, von klein auf. Jetzt soll Gutes und Böses nebeneinander in Gottes Schöpfung Platz haben wie Tag und Nacht, Sommer und Winter, Frost und Hitze, Aussäen und Abernten – solange die Erde besteht. Von Gott droht der Erde kein Untergang mehr, von Gott nicht!« –

Naema hat gut zugehört. »Komisch«, denkt sie, »als wir in die Arche gingen, da sagte Großvater, dass Gott die Welt untergehen ließ, weil wir Menschen so enttäuschend böse sind. Ich weiß es noch genau. Und jetzt sagt er, dass Gott die Erde nicht mehr untergehen lassen will, weil wir Menschen so schlecht sind. Dass wir trotzdem leben und säen und ernten sollen. Solange die Erde besteht. Vielleicht hat Gott das inzwischen so ein bisschen vom Großvater abgeguckt. Der hatte doch auch alle bösen Raubtiere mit den sanften zusammen in seiner Arche gehabt. Wenn sie auch nicht alles machen durften, was sie vielleicht wollten.« So denkt das Kind.

Und was denken wir? Vielleicht, dass wir so auch mit uns selbst umgehen lernen sollten: Beides in uns zulassen, das Harte wie das Weiche, die Liebe und den Streit. Der wird dann nicht zum Tode, sondern zum Leben sein, zum Segen und nicht zum Fluch. Vielleicht auch an den großen bunten Bogen der Hoffnung erinnern, den Regenbogen. Und damit an die Hoffnung auf Vollendung des Friedens, der höher ist als alles, was wir ausdenken. Dieser weite Bogen spannt sich über die ganzen Geschichten von Noah her bis zu Jesus, der ihn erfüllt, und mit Jesus bis zu uns.

Abraham und Sara bekommen Besuch (1 Mose 18 und 21)

Die Oase lag wie ausgestorben unter der flimmernden Mittagshitze. Das Vieh ruhte zusammengedrängt im Schatten der Bäume, die Menschen hatten sich in ihre Wohnzelte aus schweren Teppichbahnen zurückgezogen. Kaum ein Laut war zu hören. Am Eingang zum großen Wohnzelt im Schatten eines riesigen alten Baumes saß ein alter Mann. Er schien zu schlafen. Aber wer genauer hinsah, konnte bemerken, dass seine Lippen sich bewegten. Mit wem redete er? Es war niemand zu sehen. Mit sich selbst? Mit Gott?

Vor fünfundzwanzig Jahren hatte er – nicht mehr der Jüngste – plötzlich seine Heimat verlassen. Abraham hieß er. Ihm schwebte ein anderes Leben vor, als es die Leute in seiner alten Heimat miteinander führten. Er glaubte, dass ihm Gott damals den Gedanken eingegeben hätte wegzugehen und dass Gott seitdem sein Leben bestimmte, ein neues Leben. Aber nun war er alt und hatte keine Kinder, an die er seine innersten Gedanken und seinen neuen Lebensstil weitergeben konnte.

»Wenn ich erst tot bin«, dachte er, »wird alles bald vergessen sein, was ich so an neuen Erkenntnissen und Erfahrungen gesammelt habe, seit ich aus meiner alten Heimat wegging. Hätte ich doch nur einen einzigen Sohn, der diesen neuen Glauben weiterleben könnte. Ich spüre, dass es für die Zukunft der Menschen sehr wichtig ist, was ich entdeckt habe, dass es dem Leben einen neuen tiefen Sinn geben kann. Aber nun bin ich alt, und meine Frau Sara ist auch aus den Jahren heraus, in denen noch an Nachwuchs zu denken ist. Es war uns nicht gegeben, eigene Kinder zu haben.«

Und dann war wieder dieser irre Gedanke in ihm, dass es vielleicht doch noch sein konnte mit dem Sohn. Er hatte sich auch schon einen Namen für ihn einfallen lassen: Isaak sollte er heißen. Wie das gehen sollte, wusste er nicht. Wie gesagt, seine Frau war längst über das Alter hinaus, er eigentlich auch. Sie lebten liebevoll und freundlich miteinander, wie es ihrem hohen Alter entsprach. Ihre Liebe war zur Ruhe gekommen. Und doch ließ der Gedanke an den Sohn ihm keine Ruhe, als wenn dieser irre Gedanken von Gott käme, der ihn hatte aus der Heimat weggehen lassen. »Wenn es so ist, dann gib mir doch ein Zeichen, mein Gott«, betete er.

Es hatte sich nichts verändert in der stillen Oase, aber der alte Mann öffnete erwartungsvoll die Augen und blinzelte den Weg entlang, der aus der Wüste kam. Da sah er das feine Wehen des Sandes, sah die drei Männer herankommen. Er schloss kurz die Augen und schaute dann wieder hin: Wirklich, drei Männer kamen zu Fuß aus der Wüste, fremde Männer, jetzt in der größten Hitze, wo alles Leben sich in den Schatten verkroch. Merkwürdig – und doch hatte er auch wieder erwartet, dass etwas Merkwürdiges geschehen würde.

Als die fremden Männer unter den ersten Bäumen waren, stand er auf und ging ihnen schnell entgegen, begrüßte sie überaus höflich und bat sie etwas umständlich, als wenn er zu Gott redete, sie sollten doch bleiben, sich ausruhen und etwas stärken. Er könne gar nicht sagen, wie er sich über ihren Besuch freue. So bat er sie in den Schatten des großen Baumes, legte ein paar schöne Teppichteile für sie zurecht, forderte sie auf, sich doch zu setzen und bot ihnen Wasser zum Waschen und auch etwas zum Essen und Trinken an, was er alles gleich herbeischaffen könnte. Sie nahmen es an, und der alte Mann lief zu seiner Frau, die im Zelt ruhte. Er bat sie, schnell ihren besten Kuchen zu backen, Gott selbst sei zu Besuch gekommen.

Die alte Sara murmelte vor sich hin, fing dann aber mit den Vorbereitungen an. Sie kannte ihren Mann gut genug mit seinen merkwürdigen Reden und Einfällen. Der rannte inzwischen zu dem Vieh, suchte ein zartes Kalb aus und wies den Knecht an, es zu schlachten und bestens zuzubereiten. Er selbst sorgte für Butter und Milch. So begann ein geschäftiges Treiben um das große Wohnzelt: Rauch stieg auf, Töpfe dampften und in der großen Pfanne schmorte das frische Fleisch. Als alles fertig war, trug der alte Abraham es selbst zu den Gästen unter den Baum. Es würde ihm eine Ehre sein, wenn es ihnen ein wenig schmeckte und sie ordentlich zulangten. Er könnte auch noch mehr holen, wenn es nötig wäre. Dabei verneigte sich der alte Mann mehrmals und benahm sich überhaupt so feierlich, als stünde er vor Gott selbst. Er setzte sich nicht zu ihnen, solange sie aßen, sondern stand aufmerksam bereit, ständig noch etwas anzubieten und Fehlendes nachzuholen.

Als sie dann fertig waren, räumte er ab und setzte sich zu ihnen. Eine Weile saßen sie schweigend. Dann vertraute Abraham ihnen seine geheimsten Gedanken an. Sein hohes Alter und seine irre Hoffnung auf einen Sohn. Keiner von den Dreien lachte. Sie sahen ihn ruhig an, und er fühlte sich verstanden. »Wo ist Sara, deine Frau«, hörte er sie fragen und antwortete: »Drinnen im Zelt.«

Der alte Abraham saß in Gedanken versunken. Es war ihm, als seien da nicht drei fremde Männer bei ihm, sondern nur einer, der ihn besser kannte als er sich selbst und der nun zu ihm redete: »Nach einem Jahr komme ich wieder zu dir, und dann wird deine Frau Sara einen Sohn haben.« – Aus dem Zelt war ein kurzes Auflachen zu hören. Sara hatte innen gelauscht. »Wir sind doch beide viel zu alt dafür, Abraham und ich«, dachte sie, »und wir sollten uns noch so lieben wie früher? Das geht doch nicht mehr. Und vom Kinderkriegen kann bei mir schon überhaupt nicht mehr die Rede sein. Was wissen die fremden Männer denn davon?« Darum musste sie lachen.

Und da war wieder die ruhige Stimme des Besuches zu Abraham: »Warum lacht deine Frau Sara und weiß es besser? Ist für Gott nicht alles möglich, auch das, was Menschen für unmöglich halten? – Du wirst sehen: In einem Jahr komme ich wieder zu dir, und Sara wird einen Sohn haben.«

Da kam die alte Sara ängstlich aus dem Zelt und stritt ab, gelacht zu haben. Aber der Besuch sagte: »Schon gut, ich weiß, dass du gelacht hast.« Sara wurde unsicher und nachdenklich und sagte nichts mehr. Abraham sah seine Frau an: Sie war wirklich alt geworden, und der Kummer, keine Kinder zu haben, hatte sie noch älter gemacht. Mitgefühl überkam ihn, und er wusste, dass er sie sehr lieb hatte, seine Sara.

Dann brach der Besuch auf, und Abraham begleitete die Männer aus der Oase heraus noch ein ganzes Stück durch die Wüste. Sie sprachen über anderes miteinander.

Als er abends in die Oase zurückkehrte – es war übrigens die Oase Mamre –, stand Sara vor dem Zelt und wartete auf ihn. Er schaute sie lange an und fand seine alte Frau plötzlich so schön, so vertraut und liebenswert, dass er ihr behutsam die Hände auf die Schultern legte und sie anlächelte wie früher. Sie verstand seinen Blick, in ihrem Gesicht blühte etwas auf und machte sie noch schöner.

Dann legte er den Arm um sie, und sie gingen in der Abenddämmerung ein Stück miteinander. Die Knechte sahen sie gehen und einer sagte grinsend: »Sieh da, Hand in Hand, als seien sie plötzlich wieder jung geworden, wie ein Liebespaar.« – »Lass sie«, wies ihn der Großknecht zurecht, »es sind gute Menschen, die beiden. Solche findest du nicht so schnell, auch wenn du lange suchst.«

Nach einem Jahr hatte Sara tatsächlich einen kleinen Sohn auf dem Schoß, den Isaak. Ihr wirkliches Alter hätte niemand der Frau angesehen, wenn sie da so mit dem Baby scherzte und es liebevoll versorgte. Abraham schaute ihr dabei immer wieder glücklich zu, und manchmal war etwas Verträumtes in seinen Augen, als ob er etwas sah, was sehr viel später sein würde. Und oft bewegten sich seine Lippen vor Dankbarkeit, als hätte er wieder Besuch bekommen.

Die Leute hatten erst gelacht und getuschelt, als sie hörten, was den beiden Alten da passiert war. Aber wer sie dann sah, lachte nicht mehr, wurde nachdenklich und staunte über die Wunder des Lebens.

Jakob und Esau (1 Mose 25-33)

Der eine war stämmig, mit breiter Brust, muskulös und auffallend stark behaart. Er beschäftigte sich meist mit seinen Waffen, mit denen er tagelang auf die Jagd ging. Er redete nicht viel, das lag ihm nicht so. Wenn er ein Feldhuhn oder einen Hasen erlegt hatte, rupfte er das Tier oder häutete es ab – darauf verstand er sich –, briet es am offenen Feuer und aß den Wildbraten mit seinem alten Vater, der das sehr schätzte.

Der andere war schmal und wendig, mit hoher Stirn und weicher, glatter Haut, fast wie ein Mädchen. Er ärgerte sich oft darüber, weil der andere so sehr viel »männlicher« aussah. Er selbst blieb halt gern zu Hause, half in der Küche und beim Vieh, hatte überraschend kluge Einfälle. Er konnte sich gut ausdrücken und war geschickt im Umgang mit Menschen.

Die beiden waren nicht nur Brüder, sondern auch Zwillinge. Der rauere, männliche Typ, Esau, war zuerst geboren. Obwohl das bei Zwillingen ja keinen so großen Unterschied macht, galt er doch als der Ältere, wurde ihm mehr erlaubt, durfte er manches, was der zartere Jakob nicht durfte. Ihr kennt das sicher und könnt auch verstehen, dass Jakob das oft gar nicht so gut fand, dass er sich zurückgesetzt und »klein« fühlte, obwohl seine Mutter gerade ihn besonders lieb hatte wie der Vater den Esau. Und andererseits war Esau der Meinung, dass dem »kleinen« Jakob manches durchgehen gelassen wurde, was er selbst nicht durfte. Wenn man Eltern fragt, dann denken und sagen sie immer, dass sie ihre Kinder gleich lieb haben, aber die Kinder empfinden das meist anders, fühlen die Geschwister bevorzugt und sich selbst zurückgesetzt. Ihr wisst das ja, wenn ihr Brüder oder Schwestern habt, größere oder kleinere.

Einmal war Esau tagelang auf der Jagd gewesen und hatte

nichts erlegt. Halb verhungert kam er nach Hause und roch, dass sein Bruder sich eine leckere Linsensuppe gekocht hatte. Wenn er sonst schon nicht viel redete, dann war dem Esau jetzt überhaupt nicht nach Worten zumute. »Gib mir von dem da«, war das Einzige, was er herausbrachte. Jakob dachte: Das ist eine gute Gelegenheit, jetzt ist der starke Bruder auch mal schwach. Er sagte: »Ich will ja nicht so sein. Du kannst etwas bekommen, obwohl du mir von deinem Wildbraten auch noch nie etwas abgegeben hast. Aber ich will etwas dafür haben im Tausch: Du bekommst den Eintopf, und ich gelte von jetzt ab als der Ältere, du bist ja noch nicht mal eine Stunde älter. Abgemacht?« – Esau murmelte ärgerlich: »Wenn ich jetzt vor Hunger kaputtgehe, was nützt es mir, der tote Ältere zu sein. Also los, gib schon her!« – Jakob ließ ihn erst richtig schwören. Er schwor es ihm in die Hand, aß gierig, stand auf und ging davon. Und Jakob rieb sich die Hände, er kam sich ungeheuer clever vor.

Seine Mutter Rebekka hatte dem Jakob einmal am Abend etwas Merkwürdiges erzählt: Als sie damals noch vor der Geburt gemerkt hatte, dass es Zwillinge waren, hatte sie im Gebet nachgedacht über die Kinder in ihrem Leib. Und da bekam sie so eine Ahnung, als ob Gott ihr das eingegeben hätte, dass der Jüngere später Macht über den Älteren gewinnen würde. Jakob war das immer im Kopf herumgegangen. Und jetzt hatte er das auf schlaue Weise erreicht. Das Verhältnis zwischen den Brüdern war dadurch natürlich nicht besser geworden. Ihr könnt euch das ja denken. Aber es sollte noch schlimmer werden.

Mit den Jahren war der Vater Isaak sehr alt und blind geworden. Wenn jemand zu ihm kam, konnte er nicht sehen, wer es war. Er hörte aber genau auf die Stimme, die ihn begrüßte, ließ ihn herankommen und befühlte ihn vorsichtig. (Hier kann der Erzähler zu einem der Zuhörenden gehen, die Augen schließen und vorsichtig sein Gesicht und seine Hände betasten.)

Seine beiden sehr verschiedenartigen Söhne konnte er auf diese Weise natürlich leicht unterscheiden. Auch redete Vater

Isaak jetzt öfter vom Sterben. Aber bevor es so weit war, wollte er noch etwas tun, was ihm sehr wichtig war: Er wollte seinem Sohn noch einmal mit den letzten Kräften Gutes wünschen von Gott. Er nannte das »segnen«. Das hatte er von seinem Vater Abraham, dem Großvater der Jungen. Der hatte ihm davon erzählt, dass der Segen Gottes auf ihrer Familie ruhe und er ihn den Enkeln weitergeben sollte. Das wollte er jetzt tun, bevor es mit ihm zu Ende ging. Er dachte dabei an Esau, den er besonders mochte. Natürlich hatte er von dem merkwürdigen Tausch seiner Söhne gehört, Linsengericht gegen Erstgeburt, merkte auch, dass die beiden sich daran hielten. Aber er selbst hielt nichts davon.

So ließ er eines Tages Esau herbeirufen und sagte dann zu ihm: »Esau, bist du es?« – »Ja, Vater, was ist?« – »Ich werde es wohl nicht mehr lange machen, mein Junge. Nimm doch deine Waffen, erleg ein Wild und mach mir einen schönen Braten zurecht. Du weißt schon, wie ich das gern mag. Und wenn ich mich dann daran gestärkt habe, will ich den Segen Gottes für dich erbitten mit den letzten Kräften meines alten Lebens.« – Esau verabschiedete sich vom Vater und ging. Aber Mutter Rebekka hatte im Nebenzimmer alles gehört und erzählte es sofort ihrem Lieblingssohn Jakob.

»Hör gut zu, Jakob«, sagte sie, »und tu alles, was ich dir sage.« – »Ja, Mutter, ich höre.« – »Dann hole jetzt zwei junge Böckchen aus der Herde. Ich werde daraus einen Wildbraten machen, wie dein Vater ihn liebt. Und dann wirst du dies Essen deinem Vater bringen, und er wird dich segnen.« – »Mich?«, fragte Jakob erschrocken. »Ja, dich, Jakob, du bist doch jetzt der Ältere.« – »Aber er wird mich doch sofort erkennen an meiner glatten Haut, wenn er mich abtastet. Und wie stehe ich dann da?« – »Das lass nur meine Sorge sein, ich nehme alles auf meine Kappe. Und nun frag nicht lange. Geh schon!« –

Jakob ging und brachte die Böcke, und Mutter Rebekka machte ein Essen daraus, wie es der Vater mochte. Als langjährige Hausfrau wusste sie, wie man das macht, dass es wie Wildbraten schmeckt. Dann zog sie ihrem Sohn Jakob die Sonntagssachen von Esau an, legte um seine Hände und um seinen glatten Hals Fellstücke von den Böcken, dass er sich wirklich fast so anfühlte wie sein behaarter Bruder Esau.

Jakob ging und brachte seinem Vater Isaak das Essen. Der saß in seinem hohen Lehnstuhl, als ob er schliefe. Doch als er die Schritte hörte und den Bratenduft roch, fragte er: »Hast du so schnell schon Glück gehabt bei der Jagd?« – »Ja, Gott hat es so gegeben. Iss nun und segne mich dann«, sagte Jakob mit verstellter Stimme. Der Vater war misstrauisch: »Komm näher! Bist du wirklich Esau?« – »Ja«, sagte Jakob und ging nah an den Vater heran. Ihm war gar nicht wohl zumute – könnt ihr euch denken –, aber er ließ sich nichts anmerken. Der Vater betastete ihn an den Händen und am Hals und merkte nichts, nur die Stimme kam ihm etwas anders vor. So fragte er wieder, und Jakob gab sich wieder als Esau aus. »Eigentlich ist das eine große Gemeinheit«, dachte er, »was ich hier mit dem alten Vater mache. Aber die Mutter hat es ja so gesagt.« –

»Nun lass mal schmecken, was du mir da zum Essen mitgebracht hast.« – Jakob breitete dem Vater eine Serviette auf den Schoß, stellte ihm den Teller zwischen die Hände und sagte einladend: »Da, Vater, lass es dir schmecken!« – Isaak betastete die kross über dem Feuer gebratenen Stücke Fleisch, nahm dann eins und begann zu essen: »Hm, außen kross und innen schön zart. Das hast du wieder wunderbar hinbekommen, mein lieber Junge!« – Jakob dachte an seinen Bruder, der nur wenig redete und sagte nichts mehr, während der Vater aß. Dann wischte er ihm Mund und Hände mit der Serviette ab, stellte den Teller mit den abgenagten Knochen weg: »So.«

Der Vater forderte ihn auf: »Komm noch einmal näher, Esau, ja so, ganz nahe.« Er zog ihn an sich, drückte ihn auf die Knie nieder und legte ihm die Hände auf den Kopf. Jakob fühlte, wie die alten Hände seines Vaters zitterten. Isaak hatte das Gesicht nach oben gerichtet, sagte aber noch nichts. Er sammelte wohl seine Gedanken und Kräfte. »Jetzt werde ich, der Jakob gesegnet«, dachte der Junge. Er wusste, dass im Leben viel darauf ankommt, ob einem etwas gelingt oder nicht. Der eine gibt sich viel Mühe und doch gedeihen seine Pflanzen und Tiere nicht so Recht. Der andere wieder hat eine glückliche Hand mit Dingen und Menschen. Das muss der Segen sein, den Vater Isaak meint. Und da hörte er seinen Vater auch schon laut beten:

> *»Dein Leben soll wie ein Feld sein, auf dem es gut wächst.*
> *Gott schenke dir den Regen vom Himmel*
> *und die nährende Kraft des Erdbodens,*
> *dass du immer genug Brot und Wein hast*
> *für dich und auch für andere.*
> *Du und deine Nachkommen,*
> *ihr werdet euch mehr Gedanken machen als andere.*
> *Darum werden viele Völker auf dich hören,*
> *werden sich nach dir richten.*
> *Wer dir Böses wünscht, wird Unglück haben.*
> *Wer dir Gutes von Gott erbittet,*
> *der wird selbst ein Gesegneter sein.«* (vgl. 1 Mose 27,27-29)

Jakob blieb noch eine Weile neben seinem Vater. Der sagte nichts mehr, atmete tief und schien eingeschlafen zu sein. Da löste sich Jakob vorsichtig von ihm, nahm Teller und Serviette und ging hinaus. »Jetzt habe ich, der Jakob, zur Erstgeburt auch den Segen des Vaters«, dachte er, »aber ich habe ihn durch Betrug bekommen. Ob mir das etwas nützen wird?« –

Bald darauf kam Esau mit einem erlegten jungen Steinbock zurück. Er machte draußen ein Feuer und darüber einen Braten zurecht, wie der Vater das liebte. Als er dann damit zu ihm ging, schien der Vater zu schlafen. Er weckte ihn und sagte: »Hier, Vater, das Essen, das du dir gewünscht hattest!« – Isaak schrak auf: »Wer bist du denn?« – »Ich bin doch Esau, dein Sohn.« – Da richtete sich der alte Vater entsetzt auf: »Aber wer war das denn, der gerade vor dir hier war, hat mir das Essen gebracht und ich habe ihn gesegnet mit meiner letzten Kraft?«

Da heulte Esau, dieser raue Mann, auf wie ein getroffenes Tier. Er tobte und schrie vor Wut und Enttäuschung. Als er sich endlich etwas beruhigt hatte, fragte er leise: »Kannst du mich denn nicht auch segnen, Vater?« »Das kann nur Jakob, dein betrügerischer Bruder gewesen sein«, meinte der Vater. »Den habe ich nun an deiner Stelle gesegnet, und der Segen wird auch wirksam bleiben. Er wird mehr Glück haben als du. Alles wird ihm besser gelingen als dir, Esau.« – »Zweimal hat er mich nun betrogen, dieser feine Bruder«, stieß Esau heraus, dann weinte der starke Mann wie ein Kind, kniete nieder und bat: »Segne mich doch auch, Vater.« – Da legte der alte Isaak seine Hände auf ihn und sagte:

>*Dein Leben wird wie ein Feld sein,*
>*auf dem nicht viel wächst.*
>*Mit Mühe und Gewalt wirst du dir verschaffen müssen,*
>*was du brauchst, du und deine Nachkommen.*
>*Ihr werdet unter dem Glück des Bruders leiden.*
>*Aber dann einmal werdet auch ihr frei sein.«*

In den Tagen darauf ging Jakob seinem Bruder Esau sorgfältig aus dem Wege. Der schimpfte und fluchte oft laut vor sich hin: »Der soll nur warten, bis der alte Vater tot ist, dann bring ich ihn um!« – Man erzählte das der Mutter Rebekka, und die riet dem Jakob zu fliehen, bevor es zu spät sei: »Geh zu meinem Bruder, dem Laban, deinem Onkel, der weit hinter Steppen und Wüsten in Haran wohnt. Bleib dort, bis dein Bruder sich beruhigt hat. Heirate dort ein Mädchen von den unseren. Die haben den gleichen Glauben wie wir, denn das ist wichtig für das Zusammenleben von zwei Menschen, dass beide die gleiche Grundeinstellung zum Leben haben.« – Da packte Jakob ein paar Sachen in seine Reisetasche, verabschiedete sich von seinem Vater, der seinen Entschluss gut fand, und ging davon.

Jakob ging durch Steppen und Wüsten, wochenlang. Von seinen Sachen hatte er schließlich nichts mehr als einen Stock. Es war alles zu schwer, und er hatte genug an seinem schlechten Gewissen zu tragen. Nachts schlief er irgendwo unter freiem Himmel. Einmal fand er nichts anderes als einen flachen Stein, um seinen müden Kopf darauf zu legen. Und in dieser Nacht hatte er einen sehr merkwürdigen Traum. Er sah eine Leiter, die stand neben ihm auf der Erde und reichte bis in den Himmel hinauf. Da stiegen himmlische Wesen auf und nieder wie Boten, die Schweres und Leichtes, Freundliches und Schmerzliches vom Himmel zur Erde brachten und die Gedanken und Wünsche der Menschen wieder zu Gott. – Und dann spürte er die mächtige Kraft Gottes wie ein helles Licht oben an der Leiter und wusste, dass das der Gott war, an den schon sein Großvater Abraham geglaubt hatte. Und er ahnte erstaunt, dass dieser Gott es gut mit ihm meinte: »Das Land, in dem du jetzt liegst, wird einmal dir gehören und deinen Nachkommen. Sie werden ein Segen für alle Menschen sein. Und ich, Gott, will dich beschützen und begleiten auf deinem weiten Weg. Es wird alles gut werden.« –

Als Jakob am Morgen aufwachte, sah er sich erstaunt um. Da war nichts als der flache Stein, auf dem sein Kopf gelegen hatte. Er sammelte noch einen Haufen anderer Steine zusammen und setzte den flachen Stein obenauf als Zeichen. Ihm war dabei zumute, als ob er eine Kirche gebaut hätte. Er nannte diese Stelle später immer das »Haus Gottes«. Jetzt stand er dort lange still und betete: Er wollte seinen Weg nun mit Gott gehen und ein anderer Mensch werden. Ein Mensch, der nicht immer nur haben und nehmen will, notfalls mit List oder Gewalt, sondern der geben kann, Vertrauen ausstrahlen und Vertrauen wecken. Sein cleveres Verhalten hatte ihm nichts eingebracht als Flucht, ein schlechtes Gewissen und Angst. Er besaß nur noch seinen Stock. Nun wollte er seinen Weg mit Gott gehen und ein neues Leben anfangen. Er wusste, dass das nicht leicht wird, aber er vertraute auf das, was Gott ihm im Traum gesagt hatte. –

Als Jakob nach entsetzlich langer Wanderung durch Steppen und Wüsten endlich in Haran ankam, nahm ihn sein Onkel Laban dort zunächst freundlich auf. Jakob half ihm dann bei den Viehherden auf der Farm. Nach einigen Wochen sagte Laban: »Du bist zwar mein Neffe, aber du kannst ja hier nicht dauernd umsonst arbeiten. Wie wollen wir das mit deinem Lohn regeln?« – Der Onkel hatte zwei Töchter. Die ältere, Lea, war zwar gut gewachsen, aber Jakob erschien es so, als hätten ihre Augen keinen Glanz. Die jüngere dagegen, Rahel, die hatte er von Anfang an anders angeschaut und inzwischen auch gemerkt, dass sie seine fragenden Blicke vorsichtig erwiderte. Sie mochten sich eben und wussten das beide.

So sagte er zu seinem Onkel: »Ich will hier sieben Jahre bei dir arbeiten, und den Lohn sollst du mir zurücklegen als Brautgeld für deine Tochter Rahel, die ich dann heiraten möchte.« – Es war damals so üblich, dass ein Bräutigam seinem Schwiegervater eine Garantiesumme für die Braut auszahlte, damit sie, wenn die Ehe vorzeitig zu Ende ging – durch Tod des Mannes oder Scheidung – etwas zum Leben hatte. Und Jakob hatte ja nichts, was er zahlen konnte, außer seiner Arbeitskraft.

So arbeitete er sieben lange Jahre bei Laban für die hübsche Rahel. Und die Jahre kamen ihm kurz vor wie Tage, so lieb hatte er sie. Dann wurde die Hochzeit gefeiert. Die Braut war tief verschleiert, und so übergab sie ihm Laban dann für die Hochzeitsnacht. Als Jakob am Morgen aufwachte, merkte er entsetzt, dass die, mit der er geschlafen hatte, Lea war, die ältere Schwester. – Als er sich fassungslos bei seinem Onkel beschweren wollte, lächelte der listig: »Das ist bei uns nicht üblich, weißt du, dass man die jüngere Tochter vor der älteren verheiratet. Damit wirst du dich nun schon abfinden müssen, dass Lea deine Frau ist.« – Da dachte Jakob daran, wie er selbst zweimal seinen Bruder Esau betrogen hatte. Nun hatte ihn sein Onkel hereingelegt, nun war er selbst der Betrogene. »Ganz Recht, dass ich das jetzt mal am eigenen Leibe zu spüren bekomme«, dachte er, »das hilft mir vielleicht, ein anderer Mensch zu werden.«

Mit seinem Onkel Laben machte er aus, noch sieben weitere Jahre bei ihm zu arbeiten und dann auch noch Rahel zu heiraten, die er so sehr liebte. Das gab es damals dort, dass jemand mehrere Ehefrauen haben konnte, wenn er das finanziell schaffte, die Frauen und deren Kinder zu ernähren. So blieb Jakob noch sieben weitere Jahre und heiratete dann auch seine geliebte Rahel. Jakob war ein fleißiger Arbeiter, aber er hatte auch Glück. Was er anpackte, das gelang ihm meist, als wenn da ein guter Stern darüber stand.

Nun hatte er eine immer größer werdende Familie. Aber wovon sollten sie leben? Er wollte ja schließlich nicht sein Leben lang auf der Farm seines Schwiegervaters arbeiten. Er brauchte eine eigene Existenzgrundlage, und das konnte dort nur eigenes Vieh sein: Herden von Schafen, Ziegen, Eseln und Kamelen. Jetzt gehörten die doch alle seinem Schwiegervater Laban. Und so machte Jakob mit dem aus, dass er noch weitere sieben Jahre bleiben und arbeiten würde. Dafür sollten alle in der Farbe abweichenden Tiere, die schwarzen Schafe und die gefleckten Ziegen, die neu geboren würden, in seinen Besitz übergehen. Und merkwürdig: In den nächsten Jahren nahmen die schwarzen Schafe und die gefleckten Ziegen in den Herden mehr zu als die normalfarbenen Tiere. So wurden die Herden Jakobs immer größer und größer. Dem Laban gefiel das nicht. So änderte er immer wieder die Vereinbarung: Mal wollte er die schwarzen Schafe selbst behalten. Dann gab es aber in der folgenden Zeit deutlich weniger davon. Mit den gefleckten Ziegen war es ebenso. Es war offensichtlich: Jakob hatte einfach Glück. Er selbst nannte das »Segen Gottes«.

Als der Neid des Schweigervaters bedrohlich wurde, floh Jakob nach zwanzig Jahren nachts heimlich mit seiner Familie, seinen Angestellten und seinen eigenen Viehherden. Laban war wütend, jagte ihm nach, wollte ihn zurückhalten. Aber dann merkte er, dass er damit nicht durchkam. Sie einigten sich. Laban ließ ihn ziehen. Jakob wollte zurück in seine Heimat. Aber er hatte immer noch unheimliche Angst vor seinem Bruder Esau, den er damals so schändlich betrogen hatte. So schickte er Boten zu ihm, die kamen zurück mit der Meldung: Dein Bruder

Esau zieht dir mit vierhundert angeheuerten Männern entgegen, die sind gut bewaffnet.« –

In seiner Angst saß Jakob die ganze Nacht am Fluss Jabbok, dachte nach, betete und machte Pläne: Zunächst dachte er daran, seinen gesamten Viehbestand in zwei große Herden aufzuteilen. Wenn Esau die Hälfte wegnahm, konnte er mit der anderen Hälfte vielleicht unbemerkt entkommen. Aber seine Angst ließ ihm immer noch keine Ruhe. So machte er einen zweiten Plan: Kleine Teile seiner Herden sollten vorausziehen. Wenn sie auf Esau treffen, sollten die Treiber sagen: »Die Tiere sind ein Geschenk Jakobs, deines Bruders, an dich.« Aber nicht das ganze Geschenk auf einmal, sondern erst eine kleine Herde, dann noch eine, dann noch eine. Das wirkt besser.

Aber seine Angst ließ Jakob immer noch keine Ruhe und er hatte noch einen dritten Plan: In der Nacht nahm er heimlich seine Familie, die beiden Frauen und seine elf Kinder, brachte sie über den Fluss. »Wenn Esau mir alles nimmt, bleibt mir wenigstens die Familie«, dachte er. Er selbst blieb allein am anderen Ufer und fand in dieser Nacht keine Ruhe. Die alte Schuld drückte ihn. Er wollte immer der Bessere sein, der Klügere, Gewitztere. So hatte er sich den Bruder zum Feind gemacht, vor dem er jetzt Angst hatte. Was hatte es ihm alles genützt? Er hatte betrogen und war selbst betrogen worden. Und jetzt stand alles auf dem Spiel, wofür er zwanzig schwere Jahre hart gearbeitete hatte.

Da war ihm plötzlich so, als sei da jemand neben ihm im Dunklen. War es seine eigene Angst, ein dunkler Engel oder gar Gott selbst? Unheimlich war es, war dann wie ein Kampf: Jakob und der andere. Er versuchte ihm ins Gesicht zu sehen: »Entweder gehe ich jetzt zugrunde mitsamt meinen schlauen Plänen in diesem Ringen oder ich werde wirklich ein anderer Mensch«, dachte er. »vielleicht ist es ja Gott, der auf mich so hart eindringt und mich dadurch verwandeln will. Ich will ihm nicht ausweichen, will mich ihm stellen, bis er mich segnet.« – Da spürte er einen harten Schlag auf seine Hüfte, ein wahnsinniger Schmerz durchzuckte ihn. Er konnte sich nur mühsam aufrecht halten. Dann war das Unheimliche weg, mit dem er gekämpft hatte.

In der Morgendämmerung beim Aufstehen merkte er, dass er lahm war und hinkte. Und das blieb Zeit seines Lebens so. Sein Stolz und sein Bestreben, immer besser sein zu wollen als andere, waren zerbrochen. Dafür kam eine tiefe befreiende Ruhe über ihn. Es war ihm, als sei er nun richtig gesegnet worden von Gott selbst. Er wusste: »Jetzt bin ich endgültig durch meine Angst hindurch. Nun kann ich als ein anderer Mensch weiterleben. Ich weiß jetzt, wer ich wirklich bin und wer ich sein kann: nicht mehr der alte betrügerische Jakob, sondern ein Mensch voll Vertrauen, der den Weg Gottes geht.« Von dieser Nacht an nannte er sich nicht mehr Jakob, sondern bestand darauf, »Israel« zu heißen, »Gotteskämpfer«. Diesen Namen hätte ihm der gegeben, mit dem er in der Nacht den unheimlichen Kampf ausfocht, sagte er.

Als die Sonne über ihm aufging, war er ganz ruhig geworden. Die Angst war wirklich weg wie die Nacht. Hinkend holte er seine Familie von der anderen Seite des flachen Flusses zurück und ging seinem Bruder Esau mit dessen vierhundert bewaffneten Männern entgegen. Siebenmal verneigte sich Jakob vor seinem Bruder Esau, seine beiden Frauen und die Kinder auch. Und merkwürdig: Als Esau ihn so sah, gab er seinen Männern einen Wink, ging allein auf seinen Bruder Jakob zu und drückte ihn herzlich an sich. Es war nichts Böses mehr zwischen ihnen, kein Misstrauen, keine Angst, keine Rache. Esau fragte nach den kleinen Herden, die ihm zugetrieben worden waren. Er brauche sie nicht, hätte selbst genug Vieh. Jakob drängte ihn, das Geschenk doch zu behalten als Zeichen der brüderlichen Freundschaft. Da wollte Esau mit ihm zusammen weiterziehen, aber Jakob meinte, es sei besser für ihr gutes Verhältnis zueinander , wenn jeder für sich bliebe. Sie könnten sich ja öfter besuchen. So zog jeder seinen Weg, und sie blieben befreundete Brüder.

Die Geschichte von Josef und seinen Brüdern (1 Mose 37 und 42-46)

Aus dem Steppental ragte eine Gruppe halb-vertrockneter Bäume auf. In ihrem spärlichen Schatten saßen zehn Viehtreiber am Brunnen und machten Rast. Die älteren starrten finster vor sich hin, und wenn die jüngeren es nicht mehr aushalten konnten und sich mit Stein-chen bewarfen, schauten die älteren drohend auf, und es wur-de wieder bedrückend still. In der Mitte lagen auf einem Leder-beutel zwanzig Silberstücke. Viel Geld für ihre Verhältnisse, aber keiner von ihnen schaute hin oder griff danach. Ein schändlicher Handel. Wie der gebettelt und gejammert hatte, der kleine Bru-der, als die fremden Männer ihn mitnahmen. Aber sie hatten al-le mit harten Gesichtern zur Seite geschaut.

Eigentlich waren sie zwölf zu Hause, zwölf Jungen. Der Vater hatte zweimal geheiratet. Natürlich gab es immer wieder Krach zwischen ihnen, aber der legte sich dann auch wieder. Und jetzt waren sie sich alle zehn einig. Einig im Hass gegen diesen zweit-jüngsten, den sie nun losgeworden waren, ohne sich die Hände blutig zu machen. Der Vater Jakob hielt ihn für etwas ganz Be-sonderes und verhätschelte ihn entsprechend, schenkte ihm als Einzigem von ihnen einen bunten Rock, in dem er stolz vor ih-nen herumspazierte. Er verpetzte dem Vater alles, was sie mach-ten oder sagten. Aber ganz schlimm wurde es, als er kam und ihnen prahlerisch seine hochmütigen Träume erzählte. Einmal hatte er sie alle zwölf als Getreidegarben auf dem Feld gesehen. Und natürlich war er die allergrößte und stand in der Mitte. Sie als Brüder nicht nur kleiner um ihn herum, sondern sie sollen sich auch noch vor ihm verneigt haben wie vor ihrem König. So einen aufgeblasenen Schwachsinn erzählte er ihnen. Und der zweite Traum ging selbst dem Vater zu weit: Da waren sie alle Himmelskörper, der Vater die Sonne, die Mutter der Mond und sie, seine Brüder, elf Sterne. Und sie alle hätten sich vor ihm verneigt, ihn angebetet wie einen Gott. Kein Wunder, dass das selbst dem Vater zu weit ging. –

Als er dann vorhin ankam, offensichtlich vom Vater geschickt, um zu sehen, was sie machten, da hätten sie ihn am liebsten gleich umgebracht. Aber der älteste Bruder Ruben wollte das nicht. So rissen sie ihm wenigstens den verhassten bunten Rock vom Leib und warfen ihn in den ausgetrockneten Brunnen. Ruben ging, um nach dem Vieh zu sehen, und sie hatten sich neben den Brunnen gesetzt und etwas gegessen. Da war dann die Karawane gekommen, die mit Gewürzen nach Ägypten zog. Der Karawanenführer fluchte, als er den Brunnen ohne Wasser fand. »Wasser ist nicht drin«, sagte einer der Brüder, »aber den Kerl könnt ihr gerne haben, der da unten drin hockt. Verkauft ihn als Sklaven. Er ist intelligent und wird euch etwas einbringen, seinen Charakter kann man ja nicht gleich erkennen.« Sie handelten eine Weile um den Preis. Der Junge im Brunnen jammerte entsetzlich, als er merkte, was gespielt wurde. Er wollte nichts mehr verpetzen und nicht mehr so hochmütig reden, versprach er kleinlaut. Aber sie kassierten die ausgehandelten zwanzig Silbernen, und die Karawane zog mit dem heulenden Jungen weiter Richtung Ägypten.

Als Ruben, ihr Ältester, zurückkam und den Brunnen leer fand, gab es noch einen heftigen Wortwechsel. Als er aber hörte, dass sie ihn ohne Gewalt so elegant losgeworden waren, verteilte er lässig das Geld: Die älteren bekamen drei, die jüngeren ein Stück Silber. Keiner von ihnen maulte wie sonst, wenn etwas verteilt wurde. Sie steckten das Geld weg, einer nahm den bunten Rock des Bruders mit, und sie zogen weiter mit dem Vieh.

Als sie endlich wieder nach Hause kamen, sagten sie dem Vater Jakob, ein wildes Tier habe den Josef angefallen und so schrecklich zugerichtet, dass er starb. Als Beweis zeigten sie seinen Rock vor, den sie zerrissen und mit Schafblut getränkt hatten. Es war schrecklich zu sehen, wie das den Vater traf.

Inzwischen waren viele Jahre ins Land gegangen. Der Vater hatte sich wieder etwas gefangen, obwohl er immer noch von seinem Liebling Josef sprach.

Dann kamen Jahre ohne Regen. Die Steppe vertrocknete, das ausgehungerte Vieh verendete, das Brot wurde knapp. Als sie nur noch für einige Monate zu leben hatten, rief der Vater die Söhne zusammen: »In Ägypten soll es noch Korn zu kaufen geben. Nehmt unsere letzten Esel und Säcke und Geld, geht nach Ägypten und holt Korn, bevor wir hier alle elend verhungern.« – Alle sollten sie gehen, nur der Jüngste nicht, der Benjamin. – »Warum soll der denn nicht mit?« – »Der bleibt hier bei mir. Wo doch schon der Josef tot ist, möchte ich wenigstens den Benjamin bei mir behalten.« – Der Älteste, Ruben, senkte den Blick, auch von den anderen Brüdern sagte keiner mehr etwas. Waren die beiden jüngsten Brüder, Josef und Benjamin, doch von der Mutter Rahel, Vaters Lieblingsfrau, die bei Benjamins Geburt gestorben war. –

So packten die übrigen Brüder das Nötigste zusammen und zogen los.

Zwei lange Wochen waren sie schon unterwegs, überall vertrocknetes Land, verendetes Vieh. Sie gingen hintereinander in lang gezogener Reihe, zehn Viehtreiber, Brüder, zogen ihre erschöpften Esel hinter sich her. Stundenlang hatte keiner mehr etwas gesagt, sie waren am Ende ihrer Kraft. Nur eine Hoffnung hielt sie noch auf den Beinen: die Speicher in Ägypten. Dort sollte es noch Korn geben, Brot gegen den großen Hunger.

Dann endlich am Horizont: Das mussten sie sein, die riesigen Speicher! Bald überragten sie alles. Die Brüder brauchten niemanden nach dem Weg zu fragen. Auf der staubigen Straße nahm der Strom der Käufer kein Ende. Mit Kamelen und Eseln kamen sie aus allen Ländern, ein buntes Gemisch von Sprachen, Hautfarben und Bekleidungen, mitten drin die zehn Viehtreiber aus Kanaan.

Je näher an den Speichern, desto langsamer ging es voran. Sie mussten mehrere Polizeikontrollen passieren. Alles wurde genau untersucht, auch die leeren Säcke auf den Eseln, auch ihre Taschen. Kein Wunder, dass die Speicher so streng bewacht waren, wo es doch in allen Nachbarländern längst nichts mehr zu essen gab. Aber hier waren die Speicher offenbar immer noch gut gefüllt.

»Warum gibt es denn hier noch so viel Korn, wo doch die Felder und Weiden im Land genauso vertrocknet sind wie bei uns und überall?«, fragte einer von ihnen einen ägyptischen Angestellten. – »Das haben wir unserem Wirtschaftsminister zu verdanken, das ist ein gescheiter Mann, der rechtzeitig merkte, was kommen wird. Damals, als es jahrelang so gute Ernten gab und das Korn spottbillig war, da war er es, der den klugen Rat gegeben hat, alles auf Staatskosten aufzukaufen und in extra gebauten Speichern zu lagern. Damals saß dieser merkwürdige Mann noch im Gefängnis. Da haben sie ihn herausgeholt, weil er als Einziger die Träume des Pharao, wie wir unseren König nennen, deuten konnte.« – »Was hat der denn geträumt?« – »Er sah erst sieben schöne, fette Kühe aus dem Nil heraussteigen, die dann von sieben hässlichen, mageren, die auch aus dem Fluss kamen, aufgefressen wurden. Und dann sah er sieben dicke, volle Ähren wachsen. Die wurden dann von sieben vertrockneten, leeren Ähren verschlungen. Keiner der Ratgeber des Pharao wusste das zu deuten.« – »Und der Mann aus dem Gefängnis?« – »Der hat eben vorausgesagt, dass nach sieben Jahren mit reichen Ernten sieben Hungerjahre kämen. Er hat den Rat mit den Speichern gegeben, und so ist es dann auch alles gekommen.« – »Kluger Mann ist das.« – »Sag ich doch. Unser Pharao hat ihn auch gleich aus dem Gefängnis heraus zum Minister gemacht. Und jetzt kontrolliert er hier die Speicher und überwacht den Verkauf. Mit dem Staatswagen fährt er vor, wie der Pharao selbst, der große Stücke von ihm hält. Unser Staat nimmt ja jetzt auch eine Menge Geld ein. Aber wer weiß, ob wir kleinen Leute auch etwas davon haben werden?« – »Na besser als uns geht es euch doch allemal!« – »Ja schon. Solange der Minister da ist. Der hat ein Herz für uns kleine Leute, ist bescheiden, redet freundlich mit jedem, der ihn sprechen will. Darum gönnen wir ihm auch seine steile Karriere aus dem Gefängnis gleich auf den Ministersessel. Mancher träumt wohl auch davon, selbst einmal so rasant nach oben zu kommen.« – »Wenn er so klug ist wie der. Aber wie ist der denn ins Gefängnis gekommen?« – »Er soll ein ausländischer Sklave gewesen sein, und seine Herrin hat behauptet, er sei zudringlich geworden. Er hat das zwar abgestritten, aber wer glaubt schon einem Sklaven. Da wird nicht lange gefragt, da bist du eben plötzlich im Knast, und die meisten kommen da nicht so elegant wieder raus wie der.«

Die Brüder waren inzwischen bis zur letzten Kontrolle vorgedrungen. Da wurden sie aus dem Zug der Käufer herausgewinkt, mussten neben der Straße warten. Dann kam ein Beamter und führte sie in die Verwaltung. »Was ist denn los mit uns?«, wollte Ruben, der Älteste der Brüder wissen. – »Fragt nicht lange! Sonderbefehl des Ministers: Wenn mehr als sechs Brüder aus Kanaan kommen, sollen sie ihm persönlich vorgestellt werden. Ihr seid doch Brüder, alle zehn? Gut. Und aus Kanaan seid ihr auch?« – Sie nickten und zogen unwillig die müden Esel hinter sich her. »Was der nur von uns will, dieser merkwürdige Minister?« –

Vor dem Hauptgebäude mussten sie warten. Endlich kam der Minister, und sie alle verneigten sich tief, wie man es ihnen geraten hatte. Als sie sich wieder aufrichteten, konnten sie gerade nur erkennen, dass sein Gesicht nicht typisch ägyptisch aussah, eher so wie ihre eigenen. Aber er war so vornehm gekleidet und schaute jeden von ihnen so lange und genau an, dass sie ihre Blicke verlegen wieder senkten. Dann fragte er sie lange bis in die Einzelheiten aus: Wo sie denn in Kanaan wohnten, wie viel von ihrem Vieh verendet sei, wie alt der Vater sei und wie es ihm ginge. »So, zweimal hat der Vater geheiratet, klar – bei zehn Söhnen.« – Sie seien eigentlich zwölf, sagten sie, aber der Jüngste sei beim Vater zu Hause und der zweitjüngste – »Ja, was ist mit dem?« – Zögernd kam es heraus: Der sei verschollen oder tot.

Da schrie der Minister sie plötzlich an: »Spione seid ihr. Gebt es doch zu! Ihr wollt hier nur auskundschaften, wie eure Leute die Speicher stürmen und ausplündern können. – Wachtmeis-

ter, abführen ins Gefängnis! Sonderbewachung, ab mit ihnen!«
Sie versuchten, ihre Harmlosigkeit zu beteuern, aber der Minister hörte nicht darauf: »Eine Chance gebe ich euch noch. Wenn ihr bei eurer nächsten Einkaufstour den jüngsten Bruder mitbringt, dann will ich euch glauben. Solange bleibt einer von euch natürlich als Geisel hier im Gefängnis. Überlegt es euch. Und nun ab mit ihnen, Wachtmeister!« –

Da saßen sie nun Tage und Nächte hinter Gittern und grübelten: »Was wollen die nur von uns? Der Minister persönlich! Wahrscheinlich eine Verwechslung!« – »Oder so etwas wie eine Strafe Gottes.« – »Wie meinst du das?« – »Na das mit unserem Bruder Josef damals. Vielleicht war das doch nicht so gut, was wir damals mit ihm gemacht haben!« – »Der Vater hat ihn immer noch nicht richtig verschmerzt, und – ehrlich gesagt – mir lässt das auch immer noch keine Ruhe. Es geht mir nicht aus dem Ohr, wie der Kleine damals gejammert hat.« – »Ja, es liegt wie eine dunkle Last auf unserem Leben.« –

Dass der vornehme ägyptische Minister von ihrem damals verkauften Bruder Josef wusste, auf diesen Gedanken wäre keiner von den Brüdern gekommen. Auch nicht darauf, dass die gelangweilt am Gitter stehende Wache ihre Sprache verstand und dann alles dem Minister berichtete, was sie sich erzählten. Besonders interessierte ihn, ob sie ihr Unrecht mit dem Verkauf des Bruders inzwischen eingesehen hatten. Und ob sie nun zusammenhielten und sich nicht wieder gegenseitig verrieten und einen im Stich ließen, um sich selbst zu retten.

Nach drei Tagen und Nächten, als sie alles hin und her überlegt und keine andere Lösung gefunden hatten, willigten die zehn Brüder in den Vorschlag des Ministers ein. Was blieb ihnen auch anderes übrig, wenn sie sich nicht als Spione hinrichten lassen wollten und die zu Hause nicht verhungern sollten. Simeon, der Zweitälteste, hatte sich bereiterklärt, als Geisel im Gefängnis zu bleiben.

Der Minister ließ die Säcke der neun mit Korn füllen. Jeder von ihnen gab dem Kassierer die verlangte Summe Geld in einem Beutel in die Hand. Dann beluden sie die Esel, verabschiedeten sich stumm durch das Gitter von ihrem Bruder Simeon und zogen los in Richtung Heimat. Simeon sah ihnen lange nach:

Ob der Vater ihnen den kleinen Benjamin mitgeben würde? Würden sie sich überhaupt trauen, den Vater danach zu fragen, oder ihm nur vorlügen, dass er, Simeon, unterwegs umgekommen sei, wie sie es damals mit Josef getan hatten? Er traute seinen Brüdern nicht. Sie würden ihn wohl bald vergessen, wenn sie um seinetwillen in Schwierigkeiten gerieten. Oder? Er hatte sich geopfert für die Brüder und für die Familie zu Hause und war auf alles gefasst.

Am ersten Tage der Rückreise beschlossen die neun Brüder, ihren Eseln zu dem trockenen Steppengras etwas von dem gekauften Korn zu geben, damit die ausgemergelten Tiere die weite Reise unter dem Gewicht der prallen Säcke überhaupt durchhalten könnten. Da entdeckte einer von ihnen in seinem Sack den Beutel mit dem Geld, den er für den Sack Korn dem Speicherkassierer persönlich in die Hand gegeben hatte. Er zählte nach: Es war genau die Kaufsumme! Die Brüder erschraken. Wie kam das Geld in den Sack, den doch die Speicherarbeiter zugebunden und vor das Gefängnis gestellt hatten? Einige wollten trotzdem den Bruder beschuldigen, aber dann sahen sie bald ein, dass er es nicht gewesen sein konnte, auch wenn er noch so geschickt vorgegangen wäre.

Als sie – endlich zu Hause – ihre Säcke ausschütteten, fanden auch die übrigen acht Brüder ihr Geld zwischen dem Korn, jeder seinen Beutel, wie er ihn dem Kassierer in die Hand gegeben hatte. Das Geld stimmte genau: Es war der Kaufpreis für das Korn, das vor ihnen lag. Sie waren ratlos und bekamen Angst: »Jetzt werden sie uns in Ägypten nicht nur für Spione, sondern auch noch für gemeine Diebe halten.« – »Warum lässt uns Gott nur so tief fallen?« – »Wegen der Schuld an unserem Bruder Josef«, sagte Ruben bitter, und die anderen schwiegen schuldbewusst. Wie hätten sie auch auf den Gedanken kommen können, dass der ägyptische Minister selbst seine Leute beauftragt hatte, die

Beutel mit dem Geld wieder in die Säcke zu tun. So wollte er sie zum Nachdenken bringen und erproben, wie viele Schwierigkeiten und Ängste sie auf sich nehmen würden, um ihren zurückgelassenen Bruder Simeon aus dem Gefängnis zu befreien.

Angst hatten sie nun genug, und die Schwierigkeiten zeigten sich auch gleich, weil der Vater ihnen den Jüngsten nicht mitgeben wollte: »Wenn Josef schon tot ist, will ich wenigstens den Benjamin behalten«, wiederholte er immer wieder. Die beiden Jüngsten waren doch von seiner Frau Rahel, die der Vater besonders geliebt hatte.

Alle Beteuerungen, dass sie auf Benjamin besonders aufpassen würden, halfen nichts. Ruben ging sogar so weit, dass er dem Vater seine beiden Söhne als Pfand lassen wollte: »Wenn wir den Benjamin nicht gesund zurückbringen, kannst du sie töten.« – Das war zwar ein sinnloser Vorschlag, aber er zeigte, wie ernst es dem Ruben war, seinen Bruder Simeon aus dem Gefängnis frei zu bekommen. Doch der Vater blieb hart, ließ sich nicht umstimmen.

Erst als das Korn, das sie mitgebracht hatten, zu Ende ging, sah Vater Jakob ein, dass er und Benjamin und alle anderen auch verhungern würden, wenn nicht neues Korn geholt würde. Als dann Juda persönlich die Verantwortung für den kleinen Bruder übernahm, gab der Vater endlich nach: »Nehmt die Esel und die Säcke und auch Geschenke für den Minister und Geld für das Korn und vergesst auch nicht das Geld, das ihr in den Säcken gefunden habt. Es könnte denen ein Irrtum unterlaufen sein. Die Ägypter notieren alles ganz genau. Gott gebe, dass der hohe Ägypter euch glaubt und dass ihr alle wieder gesund zurückkehrt.« – Die Söhne packten alles zusammen und zogen los, und der alte Vater Jakob sah ihnen noch lange nach.

Als die zehn Brüder sich in Ägypten bei der ersten Polizeikontrolle meldeten, wurden sie gleich vor den Minister geführt, der an den Speichern nach dem Rechten sah. Er schaute sie lange an, besonders den Benjamin, und sagte dann zu seinem Hausverwalter, er solle sie zu seinem Palast bringen und ein Festessen für sie vorbereiten. Als der sie in den Palast führen wollte, blieben sie vor der Tür stehen. Sie hatten Angst und dachten, er wolle sie wegen des Geldes verhören, das sie voriges Mal in ihren Säcken gefunden und wieder mitgebracht hatten. »Nun wird er uns alle zu seinen Sklaven machen. Verdient haben wir es ja auch nicht anders, weil wir damals unseren Bruder als Sklaven verkauft haben.« – Als der Verwalter sie erneut hereinbat, erzählten sie ihm die ganze Geschichte mit dem Geld in ihren Kornsäcken. Aber der sagte, sie brauchten sich darüber keine Sorgen zu machen. Der Kassierer hätte das Geld damals richtig erhalten und gebucht. Wenn sie irgendein Geld in ihren Säcken gefunden hätten, dann könne das nur ein Geschenk Gottes für sie sein und sie sollten sich darüber freuen.

Dann brachte er ihren Bruder Simeon aus dem Gefängnis zu ihnen. Der hatte die letzten Wochen stumm in der Ecke gesessen und auf nichts mehr reagiert, obwohl er besser behandelt wurde als die anderen Gefangenen. Jetzt konnte er es gar nicht fassen, starrte sie lange an, fiel dann zuerst dem Benjamin um den Hals, dann auch den anderen Brüdern, die sich verlegen die Tränen der Rührung wegwischten. Dann gingen sie alle in den Palast. Der Verwalter ließ ihnen Wasser zum Frischmachen bringen und ihre Esel im Hof versorgen. Die Brüder kramten in ihren Reisetaschen, holten die teuren Geschenke für den Minister heraus und legten sie zurecht.

Als Josef mittags nach Hause kam, verneigten sich alle elf tief vor ihm und überreichten ihre Geschenke. Er bedankte sich freundlich und fragte sehr interessiert nach dem alten Vater Jakob, der nun allein in der Heimat geblieben war. Als er dann mit Benjamin redete, überkam ihn die Rührung und er musste eine Weile in ein anderes Zimmer, damit sie nicht seine Tränen sahen. Dann wusch er sich und bat alle zu Tisch. Jeder bekam seinen Platz angewiesen, und sie wunderten sich nicht wenig, dass sie dann alle genau in der Reihe nach ihrem Alter saßen. Woher konnten die das hier nur wissen? Sie hatten doch mit niemandem darüber gesprochen. Dann fiel ihnen auch noch auf, dass dem Benjamin immer die besten Stücke aus den Schalen auf den Teller gelegt wurden. Das musste den Dienern doch so gesagt worden sein! Aber warum? – Nachher gab es noch kostbaren Wein, und es wurde ein fröhliches Fest bis in die Nacht hinein.

Am Morgen zogen sie mit ihren Eseln und den neu gefüllten Kornsäcken los, nachdem sie wieder jeder persönlich dem Kassierer die Beutel mit Geld gegeben hatten. Nach etwa einer Stunde sahen sie Polizei auf Kamelen hinter sich. Sie wurden eingeholt und angehalten. »Ihr steht unter dem Verdacht, den wertvollen Trinkbecher des Ministers gestohlen zu haben. Er ist sehr enttäuscht, dass ihr das Gute, das er euch tat, so mit Bösem vergeltet.« – Heftig stritten die Brüder das ab: »Das ist nicht wahr! Wenn der Becher bei einem von uns gefunden wird, dann soll der sterben, und wir alle wollen Sklaven werden.« – »Nur der, bei dem der Becher gefunden wird, muss Sklave werden«, sagte der Hausverwalter des Ministers, der mit der Polizei gekommen war. Die Durchsuchung ging los, und bald zog ein Beamter den Becher aus Benjamins Kornsack. Da waren sie alle zu Tode erschrocken und hatten wahnsinnige Angst. Wie hätten sie auch auf den Gedanken kommen können, dass der Becher in der Nacht in Benjamins Sack gesteckt worden war, um das Einstehen der Brüder für einander ein letztes Mal zu prüfen.

Als die Polizei nun den Benjamin festnehmen und abführen wollte, sagten sie entschlossen und einmütig, sie kämen alle mit.

Als sie dann vor dem Minister standen und er ihnen Vorwürfe machte, sagten die Brüder, dass es ihnen fürchterlich peinlich wäre und sie es sich nicht anders erklären könnten, als dass es eine Strafe Gottes sei für eine alte Schuld, die sie zusammen auf sich geladen hätten. Sie könnten jetzt auch nicht wieder nach Hause zu ihrem Vater, wenn Benjamin, der Jüngste, an dem der Vater so sehr hängt seit Josef nicht mehr da sei, als Sklave hier bleiben müsse. Das sei zwar gerecht, weil der Trinkbecher unerklärlicher Weise in seinem Sack gefunden worden sei. Aber ihr alter Vater würde es nicht überleben, wenn sie ohne Benjamin heimkämen. »Ich«, sagte Juda, der Vierte der Brüder, »habe dem

Vater gegenüber für Benjamin gebürgt, sonst hätte er ihn nicht mit uns reisen lassen. Wie soll ich jetzt vor den Vater hintreten? Das kann ich nicht! So möchte ich bitten, dass ich anstelle unseres jüngsten Bruders Sklave werde und er zum Vater zurückkehren darf.« – Die Brüder nickten alle zustimmend außer Benjamin. Sie fanden das gut von ihrem Bruder Juda.

Da konnte sich der Minister nicht mehr halten. Er dachte daran, dass dieser Bruder Juda es war, der damals den Vorschlag gemacht hatte, den Josef als Sklaven an die Karawane für zwanzig Silberstücke nach Ägypten zu verkaufen. Nun erlebte er, dass dieser Juda für den kleinen Bruder eintrat. So hatten sie also nicht nur ihre Schuld eingesehen und sich genug damit abgequält, sondern waren darüber andere Menschen geworden, traten jetzt einer für den anderen ein. Er ließ alle seine ägyptischen Mitarbeiter hinausgehen, fing an zu weinen und gab sich seinen Brüdern zu erkennen: »Ich bin euer Bruder, seht mich doch an, Josef, den ihr damals aus Wut als Sklaven nach Ägypten verkauft habt. Ja, ihr seht richtig: Ich bin Josef, euer Bruder! Habt nun keine Angst mehr vor mir, ich bin euch wirklich nicht mehr böse. Ich glaube jetzt sogar, dass es Gott war, der mich hierher geführt hat, um unsere ganze große Familie vor dem Verhungern zu retten. Und ich freue mich, weil ich jetzt erlebt habe, wie anders ihr inzwischen geworden seid und für einander einsteht. Ich selbst habe mich auch inzwischen sehr geändert, bin nicht mehr hochmütig wie damals. Ihr könnt es mir glauben. Und nun möchte ich gern wieder euer Bruder sein, wenn ihr mich als Bruder neu annehmt.«

Zuerst fiel er dem Benjamin um den Hals, dann umarmte er sie alle, und sie weinten vor Rührung und Erleichterung, die wieder vollzählig versammelten zwölf Söhne Jakobs. Es war alles wieder gut geworden, was einst so böse begonnen hatte. –

Mit reichen Geschenken ließ er sie wieder heimziehen, damit sie den alten Vater und ihre ganzen Familien mit allen Sachen nach Ägypten holten und sich hier ansiedelten. Denn die Trockenheit und der Hunger würden noch viele Jahre dauern. Er schickte auch seinen königlichen Prunkwagen mit, damit der Vater es auch glaubte und bequem herreisen könnte.

Und so geschah es denn auch. Sie kamen alle in Ägypten an, wurden vom Pharao selbst begrüßt, bekamen Land zugewiesen und siedelten dort. Und solange Josef lebte, sorgte er freundlich für seine große Familie und sie verstanden sich gut.

Die Geschichten von Mose und der Befreiung Israels aus Ägypten

(2 Mose 1-5; 7-12 und 14-15)

Als die erste Siedlerfamilie ins Land kam, wurde sie vom König persönlich begrüßt. Einer von ihnen, Josef, war Minister in Ägypten und hatte das Land reich gemacht. Generationen später war alles vergessen. Die Siedler waren tüchtige Leute und hatten sich zu einem ganzen Volk vermehrt, aber die Einheimischen hatten Angst vor ihnen: »Wenn ein Krieg kommt und sie sich auf die Seite der Feinde schlagen, kann das sehr böse für uns ausgehen. Außerdem haben sie einen anderen Glauben. Sie werden immer mehr. Wir müssen aufpassen auf diese Israeliten«, sagten die Leute in Ägypten.

So beschlossen sie besondere Gesetze, nach denen die Israeliten gezwungen wurden, an bestimmten Tagen für den Staat zu arbeiten, ohne Lohn. Besondere polizeiliche Wachkommandos wurden eingerichtet, um die Zwangsarbeiten an den Bauten und auf den Feldern zu überwachen. Vorzugsweise wurden die israelitischen Arbeiter dazu gezwungen, Bausteine aus Ton für die Staatsbauten zu formen, eine dreckige Arbeit. Als Minderheit im Staat Ägypten konnten die Israeliten nichts dagegen tun; die Zwangsarbeit wurde immer drückender. Bald waren sie auf den Stand von Sklaven herabgesunken, die schwer zu arbeiten, aber nichts zu bestimmen hatten.

Geburt, Flucht und Berufung des Mose

Israel war ein starkes Volk. Selbst durch harte Schinderei waren sie nicht klein zu kriegen. Da hatte der König – die Ägypter sagten Pharao – einen brutalen Plan. Er gab ihn als Befehl an einen seiner Fürsten weiter, denn der Pharao redete nicht direkt mit den Leuten aus dem Volk, schon gar nicht mit Israeliten. Der Fürst gab den Befehl an einen seiner Beamten weiter. Der ließ die beiden Hebammen der Israeliten kommen, die den Frauen bei der Geburt der Kinder halfen. Die eine hieß Schifra, die andere Pua. »Befehl des Pharao! Wenn eine israelitische Frau einen Jungen zur Welt bringt, sollt ihr den sofort töten; wenn es ein Mädchen ist, kann es am Leben bleiben.« –

Als die Hebammen wieder nach Hause gingen, sagte Schifra zu Pua: »Das ist ein entsetzlicher Befehl. Die Ägypter müssen schreckliche Angst vor uns haben. Sie wissen, dass die ungerechte Zwangsarbeit uns wütend macht, und wollen verhindern, dass unsere jungen Männer einmal zu Waffen greifen, um unser Volk zu befreien.« – »Was sollen wir denn tun?«, fragte Pua. – »Unser Gott will nicht, dass wir unser Gewissen mit solchem furchtbaren Verbrechen belasten. Er ist unser Herr, größer als jeder Pharao.« – »Die Ägypter glauben aber nicht daran«, hielt Pua dagegen, »sie haben andere Götter. Sie werden uns selber töten. Was sollen wir bloß tun?« – »Nichts«, stieß Schifra heraus. – »Was heißt ‚nichts‘?« – »Ich meine das so, wie ich es gesagt habe: Wir werden gar nichts machen. Wenn wir uns auf Gott verlassen, wird uns auch schon etwas einfallen, und wir werden auch den Mut dazu haben. Hab keine Angst«, versicherte Schifra.

So taten die Hebammen tatsächlich nichts. Natürlich haben die Ägypter irgendwann gemerkt, dass weiterhin kleine Jungen bei den Israeliten geboren wurden und später herumliefen. Die Beamten meldeten das dem zuständigen Fürsten, der dem Pharao. Der befahl: »Die Hebammen sofort verhören!« – Die Hebammen kamen und wurden zur Rede gestellt: »Warum habt ihr den Befehl des Pharao nicht befolgt?« – »Weil wir nicht können!« – »Was soll das heißen? Wir lassen nicht mit uns spaßen!« – »Klar, aber wissen Sie, das ist so: Unsere israelitischen Frauen sind nicht so wie Ihre ägyptischen, die Hebammen und möglichst auch noch Ärzte für eine Entbindung brauchen, und dann ist das allemal ein großer Aufwand. Unsere israelitischen Frauen sind da robuster. Die machen das in der Familie allein. Wenn wir kommen, sagen uns die Verwandten schon an der Tür: ›Vielen Dank, aber das ist alles schon erledigt!‹ Oder sie rufen uns überhaupt nicht. Deshalb sind wir ja auch nur zwei Hebammen für unser ganzes Volk.« – Die Beamten, alles Männer, wussten darauf wenig zu sagen, meldeten es nach oben über den Fürsten zum Pharao und ließen die Hebammen wieder gehen. Die waren sehr froh, dass sie das überstanden und nicht nachgegeben hatten. Die Leute bewunderten sie und taten ihnen viel Gutes.

Der Pharao aber wurde aus Zorn und Angst noch brutaler und befahl: Alle Jungen, die den Israeliten geboren werden, sollen sofort von den Eltern in den Nilfluss geworfen werden. Die Polizei, die Wachkommandos und alle ägyptischen Beamten sollen die Häuser der Israeliten kontrollieren und für die strengste Ausführung dieses Befehls sorgen!«

Ihr könnt euch denken, wie entsetzlich das für die Israeliten war. Immerzu kamen jetzt Kontrollen in die Häuser, schauten nach Frauen, die ein Kind erwarteten, horchten auf Babygeschrei und schauten nach, ob es ein Junge war. Es war wirklich schlimm für die Familien.

Da gab es ein israelitisches Ehepaar, die hatten einige Kinder, auch eine Tochter in eurem Alter. Nun sollte wieder ein Kind geboren werden. Die Mutter ging aus Vorsicht nicht mehr aus dem Haus und der Vater sagte immer wieder: »Hoffentlich ist es ein Mädchen«, obwohl er gern einen Sohn gehabt hätte. Die Mutter sagte dann: »Wir bekommen, was Gott uns gibt.« – Endlich war es dann so weit. Es war ein Junge, ein überraschend schönes Kind. Die Mutter versorgte es so liebevoll, dass es nie laut schrie. Und wenn Kontrollen kamen, versteckten sie es. Aber nach drei Monaten ließ es sich wirklich nicht mehr verheimlichen, dass da im Haus ein Neugeborenes war. Die Fragen der Verwandtschaft wurden dringender. Die Nachbarn sollten doch nicht als Mitwisser gefährdet werden. Die Mutter hatte ihn zwar immer gleich an die Brust gelegt, wenn er sich muckste, ihn ›gestillt‹, wie man ja sagt. Aber er war halt inzwischen ein strammes Kerlchen geworden, dem auch sonst manches nicht passte. Und dann schrie er eben doch los. Und das war kein leises Wimmern bei diesem Baby. – Es ließ sich also wirklich nicht mehr verheimlichen.

Eines Abends, als ihr Mann kaputt von der Sklavenarbeit nach Hause kam und sie ihm den wieder einmal blutig geschlagenen Rücken behandeln musste, sagte die Frau zu ihm: »Morgen muss eine Entscheidung über unser Kerlchen fallen.« – »Was willst du denn machen?« – »Ich werde es diese Nacht überlegen. Iss du jetzt und leg dich schlafen. Du hast es nötig.« – Er wusste, dass sie es vor Gott bringen wollte, herausfinden, welcher Weg ihr dabei vielleicht einfallen würde. Sie nannten das Beten. Als er sich noch vor Morgengrauen zur Arbeit fertig machte, sah er seine Frau fragend an: Darauf sie: »Weißt du, es ist wirklich nicht zu ändern. Sie werden es doch heraus bekommen. Dann sind wir alle dran, auch die Kinder. Der Pharao hat es so befohlen. Ich werde unser Söhnchen dem Nil übergeben.« – Der Mann war entsetzt. Das hatte er von seiner Frau nun doch nicht gedacht. Entgeistert starrte er sie an: »In den Nil? Unseren Sohn?« – Sie merkte, wie Enttäuschung und Zorn in ihm aufstiegen und er das Baby an sich reißen wollte. Aber wohin damit? Da legte sie ihm beschwichtigend die Hand auf den Arm und holte das Schilf-Körbchen unter dem Tisch hervor. In der Nacht hatte sie es außen mit Pech und Erdöl wasserdicht gemacht und innen für das Baby ausgepolstert. »Ach so!«, stieß er erleichtert aus und sah sie bewundernd an. »Gott ist groß, er stehe uns und dem Kleinen bei«, sagte er dann und ging.

Als die Mutter dann mit dem Kleinen im Körbchen zum Nil ging, kam seine Schwester Mirjam, ungefähr so alt wie ihr, natürlich mit. Sie sollte unauffällig flussabwärts mitgehen und sehen, was aus dem Brüderchen in seiner Mini-Arche wurde. Sie war ein cleveres Mädchen.

Die Tochter des Pharao hatte eine besondere feine Badestelle am Fluss. Damals waren die Flüsse ja noch nicht so umweltverschmutzt. An schönen Tagen ließ sie sich in Begleitung einiger Kammermädchen dort hinfahren. Als sie eines Tages gerade dort badeten, sah sie etwas vorbeischwimmen und ließ es von einem ihrer Mädchen holen. »Was wohl in dem Kästchen drin sein mag.« – Ihr könnt euch denken, was das für ein Getue und Gerede gab, als die Mädchen das Kind entdeckten. »Nein, so was!« – »Wie niedlich!« – »Ein echtes Baby!« – »Ein Junge, wie süß!« – »Wie freundlich der Kleine ausschaut!« – »Und die kleinen Händchen!« – »Und erst die Augen, richtig zum Verlieben!« – Die Prinzessin war ganz vernarrt in den Kleinen: »Den behalte ich.« – »Aber der ist doch sicher von den blöden Israeliten.« – »Na und? Kind ist Kind.« – »Willst du den wirklich behalten?« – »Ja, ich adoptiere ihn.« – »Ob das dein Vater, der Pharao, erlaubt?« – »Wenn ich das will, dann geht das auch. Ihr kennt mich ja!« – »Aber – hm, wer soll ihn denn stillen? Wir können das doch noch nicht.« – Damals gab es noch keine künstliche Kindernahrung, keine Fläschchen und so. Die Frauen legten ihre Kinder an die Brust und stillten sie auf natürliche Weise, oft jahrelang. Aber das können nur Frauen, die gerade ein Kind geboren haben.

In dem Augenblick war die Schwester des Kleinen, die Mirjam, zur Stelle. Sie hatte alles beobachtet, wie die Mutter es ihr gesagt hatte. Clever bot sie der Prinzessin an: »Ich weiß eine Frau in unserem Volk, die hat gerade ein Kind geboren, einen Jungen, und der musste ja weg nach dem Befehl des Pharao. Die kann das Baby sicher nehmen und großziehen. Aber ihr müsst mir eine Bescheinigung mitgeben, sonst nimmt die Polizei ihn der Frau wieder weg.«

Die Prinzessin war einverstanden. Das Mädchen bekam eine amtliche Bescheinigung mit dem Siegel der Prinzessin, dass dies Kind der Prinzessin gehörte und bis zum achten Lebensjahr bei der Frau Soundso in Pflege sei; dann müsse es der Prinzessin zurückgegeben werden. – Natürlich konnte die Bescheinigung nicht an der Badestelle ausgestellt werden. So fuhr Mirjam im königlichen Wagen erst mit zum Palast, bekam das Baby und die Bescheinigung und wurde dann in dem Wagen nach Hause gebracht.

Das gab einen Aufstand in dem israelitischen Dorf, als der ägyptische Königswagen vor das ärmliche Haus fuhr, Mirjam mit dem Baby ausstieg und mit der Bescheinigung winkte! Die Mutter staunte. Das hatte sie nun doch nicht erwartet. Ihr kamen die Tränen. Und dann ging das große Erzählen los – könnt ihr euch denken.

So wuchs der Junge zu Hause auf und lernte alles, was ein israelitischer Junge erleben und lernen konnte. Er sah den Vater spät abends völlig kaputt von der Zwangsarbeit kommen, oft mit blutigen Peitschenstriemen, die die Mutter seufzend versorgte. Er erlebte die Brutalität der Ägypter und die Angst der Israeliten. Aber auch die verborgene Hoffnung auf Befreiung und auf ein Leben nach den Vorstellungen ihres eigenen Glaubens. Gerne hörte er die Mutter erzählen, die alten Geschichten ihres Volkes, von Abraham, der aus seiner Heimat auszog. Von Isaak und von Jakob und seinen Söhnen. Von Josef, der ägyptischer Minister war, durch den das Volk hierher gekommen war. An seinen Fragen merkte die Mutter, dass er sich darüber Gedanken machte, was diese Geschichten des Glaubens für das Leben bedeuteten.

Als er acht Jahre alt war, brachten ihn seine Eltern zur Prinzessin in den Pharaonen-Palast. Seine Schwester Mirjam kam natürlich auch mit. Der Abschied von der Familie war schwer, aber er war auch neugierig auf das vornehme ägyptische Leben im Palast. Es dauerte eine Weile, bis er sich zurechtfand. Erst lernte er die Sprache der Ägypter, dann alles andere, was ein ägyptischer Fürstensohn wissen und können musste, auch von der ägyptischen Religion. Er bekam einen ägyptischen Namen, Mose, und war bald von den anderen Kindern im Palast des Pharao nicht mehr zu unterscheiden, jedenfalls nach seinem Aussehen, Reden und Benehmen nicht.

Hatte Mose mit den Jahren seines Lebens unter den Ägyptern sein israelitisches Herkommen ganz vergessen? Es sollte sich bald zeigen, dass das nicht so war. Hinter seinem vornehmen ägyptischen Aussehen und Reden war das ganz andere Empfinden der Israeliten für Gerechtigkeit und Menschlichkeit verborgen. Immer wieder zog es den jungen Mann Mose zu den gewaltigen Staatsbauten, für die die Israeliten in Zwangsarbeit

Ziegel formen mussten, brutal angetrieben von ägyptischen Bewachern. Eines Tages erlebte er, wie ein schwächlicher Israelit, der offensichtlich nicht mehr konnte, von einem Bewacher böse mit der Peitsche geschlagen wurde: »Schneller, du faules Miststück!« – Mose stellte den Bewacher zur Rede: »Du siehst doch, dass der Mann völlig fertig ist und nicht mehr kann.« – Der Antreiber sah ihn erstaunt an: »Du als junger Fürst solltest doch wissen, dass wir strengen Befehl haben, alles aus ihnen herauszuholen. Je mehr von ihnen draufgehen, desto besser!« – Da waren das andere Gerechtigkeitsgefühl, sein Mitleid mit dem Gequälten und sein Zorn auf den Schläger bei dem jungen Mose so groß, dass er sich wütend umsah, ob auch niemand in der Nähe sei, dem Bewacher die Peitsche entriss, ihn totschlug und die Leiche im Sand verscharrte.

Am nächsten Morgen kam er wieder zu der Baustelle und erlebte, wie sich zwei Israeliten stritten. Ein großer Kerl hatte einem anderen den Ton zum Ziegelformen weggenommen. Als der andere ihn zur Rede stellte, fing der Große an zu schreien, dann zu drohen, dann schlug er hart zu. Mose ging hin und sagte: »Reicht es euch noch nicht, dass die Bewacher euch quälen und schlagen? Müsst ihr das auch noch untereinander tun, statt zusammen zu halten?« – Da grinste ihn der große Kerl böse an: »Was hast du denn hier zu sagen? Du bist doch gar nicht vom Bewachungskommando. Willst du mich auch totschlagen wie gestern den Aufseher?« – Da bekam Mose Angst. Hatte der gepeitschte Israelit es doch gesehen und weitererzählt? Zu Hause im Palast hörte er, dass dem Pharao die Tat inzwischen gemeldet worden war und, wenn herauskäme, dass er das war, er zum Tode verurteilt würde. Der Pharao war mit diesem Adoptivsohn seiner Tochter noch nie einverstanden gewesen. Dies wäre ihm gerade zurechtgekommen. Da wusste Mose, dass er ganz schnell aus Ägypten fliehen musste.

Über das Nildelta und dann auf dem Verkehrsweg die Küste des Mittelmeers entlang war kein Durchkommen. Die Grenzen dort waren streng bewacht. Nur nach Osten hin zum Sinai war das Land offen. Mochte dorthin doch fliehen, wer wollte. Durch die Wüsten kam keiner durch. Mose aber kam durch, ich weiß nicht, wie. Im Steppengebiet des Landes Midian fand er schließlich eine Oase und setzte sich erschöpft an das Wasserloch. Als er seinen brennenden Durst gestillt hatte und wieder etwas zu sich gekommen war, sah er einige junge Hirtenmädchen mit ihrem Vieh herankommen. Die wollten Wasser schöpfen und die Herden ihres Vaters tränken. Aber da kamen einige ruppige Viehtreiber mit ihrer Herde und stießen die Mädchen weg: »Erst kommen wir dran, ihr Mädchen könnt warten!« – Da stand Mose auf, nahm seinen Stab und ging langsam auf die Viehtreiber zu: »Halt! Das ist ungerecht. Die Mädchen waren eher da.« – Mag sein, dass er so fürchterlich aussah nach der Durchquerung der Wüste; mag sein, dass die Reste seiner vornehmen ägyptischen Kleidung sie unsicher machten. Die frechen Treiber wichen zurück, und Mose half den Mädchen beim Schöpfen und Tränken ihres Viehs.

Als die Mädchen das Vieh zu Hause in den Hof trieben, fragte der Vater: »Warum seid ihr heute schon so früh hier?« – Da erzählten sie ihm, dass sie sonst immer von den anderen Hirten an der Tränke fortgestoßen würden und bis zuletzt warten müssten. Heute aber hätte ihnen ein fremder Mann geholfen, ein Ägypter. Der Vater fragte: »Wo ist denn der fremde Mann? Habt ihr ihn denn nicht eingeladen? Er muss doch weit durch die Wüste gekommen, erschöpft und hungrig sein.« – »Daran haben wir gar nicht gedacht. Er wird noch da am Wasserloch sitzen.« – »Los, bringt ihn her! Es scheint ein guter Mensch zu sein.« – Und so kam denn Mose zu dem Priester und Viehzüchter Jitro in Midian, blieb da, verliebte sich in eine der Töchter, heiratete sie und arbeitete bei seinem Schwiegervater als Viehtreiber.

Wochenlang trieb Mose die Schafe allein durch die Steppe auf der Suche nach spärlichem Futter und Wasserstellen. Er hatte dabei viel Zeit zum Nachdenken. Seine Gedanken gingen ständig zurück nach Ägypten, zu seinem gequälten Volk Israel.

Eines Tages, als er die Schafe am Fuße des Berges Horeb hintreibt, sieht er es in der heißen Steppe: ein brennender Busch!

Er schaut sich um: kein Mensch zu sehen. Also Selbstentzündung? Das wird so ungewöhnlich vielleicht nicht gewesen sein. Aber in dieser Einsamkeit lockt alles an, was nicht heißer Sand und vor Hitze flimmernde Luft ist. Er geht näher heran, und die Erscheinung packt ihn: Der Busch brennt nicht richtig. Die Flammen erfassen nicht die dornigen Zweige, sondern schweben darüber! Ein Busch, der brennt, aber nicht verbrennt! Mag sein, dass es ölige Dämpfe waren, die aus dem Holz strömten wie Gas. Wie eine Kerzenflamme auflodert, wenn man neben ihr eine Apfelsinenschale ausdrückt. Mag sein. Aber den Mose lässt das Bild nicht mehr los. Es wird ihm unheimlich an diesem Ort. Ist hier irgendwo Gott? »Senk den Blick! Streif die Sandalen ab!« Es ist wie ein Befehl. Ein Busch, der brennt, aber nicht verbrennt. Welch ein Bild! Es verbindet sich mit seinen Gedanken an das gequälte Volk in Ägypten: brennende Qualen, die das Volk aber nicht vernichten? Das müsste denen doch jemand sagen! Es würde ihnen Mut und Hoffnung auf Befreiung geben. Aber wer sollte das tun? – Da trifft es ihn plötzlich wie ein Schlag: »Du selbst, Mose, du musst es tun!« Hat das eine Stimme aus dem Busch gerufen oder war es nur in ihm selbst? Nach Ägypten zurück? Er als gesuchter Totschläger eines Wachsoldaten? –

Ihr kennt das sicher: Wenn etwas ganz Wichtiges ansteht, was man eigentlich tun müsste, was aber schwierig ist, dann fallen einem viele, viele Gründe ein, warum das eigentlich nicht geht, warum man das nicht zu tun braucht. Muss das wirklich sein? Warum gerade ich? – So war das bei Mose wohl auch. Er wusste: Das will jetzt Gott von mir! Aber er fand auch viele Gegengründe und Bedenken, die sich dagegenstellten. Es war, als ob zwei Stimmen in ihm um die Entscheidung stritten: Wer bin ich denn, dass ich eine so große und gefährliche Aufgabe übernehmen soll, gerade ich? – Aber vielleicht werde ich es doch können, wenn dieser Gott, der mir das eingab, mich auch weiter mit seinen Eingebungen begleiten und führen wird.

Und: Wie soll ich zu dem Volk von Gott reden, wenn ich nicht sagen kann, welch ein Gott das ist? – Andererseits ist es aber doch kein anderer Gott als der, dessen Geschichten das Volk schon lange erzählt von Abraham, Isaak und Jakob. Ich weiß das doch von meiner Mutter. Der Gott, mit dem man Erfahrungen machen kann, der immer noch Möglichkeiten auftut, wo wir keine mehr sehen. »Ich werde sein«, ist sein Name, du wirst es erleben!

Sie werden es mir nicht glauben, dass es wirklich dieser Gott ist, der mir den großen Auftrag gab, das Volk Israel in die Freiheit zu führen. »Du hast es dir nur selbst ausgedacht oder eingebildet«, werden sie sagen. – Andererseits spüre ich jetzt eine große Kraft in mir, Erstaunliches in Gang zu setzen.

Ich werde viel reden müssen, zu dem eigenen Volk und zum Pharao der Ägypter. Aber ich bin kein guter Redner. – Andererseits: Wenn ich so Wichtiges zu sagen habe, werde ich es wohl können. Und da ist doch noch mein Bruder Aaron. Der kann gut reden. Vielleicht kann der mir helfen.

So gingen die Gedanken wie Rede und Gegenrede in ihm hin und her. Bis er sich klar war: Ich muss es tun; ich muss mein Volk Israel aus Ägypten herausführen. Gottes Auftrag ist stärker als alle meine Bedenken.

Er trieb die Schafe zusammen und dann zu seinem Schwiegervater Jitro zurück, dem sie gehörten. Er sprach mit ihm über das Erlebnis am brennenden Dornbusch. Jitro war ein erfahrener und nachdenklicher alter Mann. Der hörte lange schweigend zu. Dann sagte er: »Wegen deiner Vergangenheit in Ägypten brauchst du dir am wenigsten Gedanken zu machen. Der Pharao von damals ist längst tot, und die haben jetzt andere Sorgen. Entscheidend ist dies: Wenn du den Auftrag so stark spürst, dann musst du es auch tun. Wenn du dich jetzt davor drücken würdest, dann könntest du dein ganzes Leben lang keine Ruhe mehr finden.« Und leise fügte der alte Mann noch hinzu: »So ist das mit Gott. Ich weiß das, Mose, glaub es mir. – Sicher, ich hätte dich, meine Tochter und den kleinen Enkel Gerschom, den Fremdling, wie ihr ihn genannt habt, noch gerne hier behalten, sehr gern. Aber wenn Gott dir das so eingegeben hat, dann musst du gehen. Er wird mit dir sein, bestimmt.« –

Da holte Mose einen kräftigen Esel von der Weide für seine Frau und den kleinen Sohn. Sie packten ein paar Sachen zusammen und machten sich auf den so weiten und beschwerlichen Weg durch die Wüsten nach Ägypten. Unterwegs überfielen den Mose noch einmal die Angst und der Zweifel so stark, dass er völlig am Ende war und an den Tod dachte. Aber seine Frau glaubte fest an seinen Auftrag und half ihm darüber hinweg.

Der Auszug Israels aus Ägypten

Der Mann, der von Osten her durch die Wüste ins Land kam, sah eigentlich gar nicht aus wie ein Revolutionär, aber denen sieht man es vielleicht nie an. Er hatte seine Frau und ein kleines Söhnchen mit, dem sie den merkwürdigen Namen »Fremdling« gegeben hatten. Ob der Junge später damit einverstanden war, weiß ich nicht. Gekleidet war der Mann wie ein Viehtreiber. Diesen Beruf hatte er auch zuletzt ausgeübt. Aber man sah ihm an, dass er über mehr nachgedacht hatte als über Rinder, Esel und Schafe, Weideplätze und Wasserlöcher, über Essen und Trinken und den Streit mit anderen Viehtreibern. Es stand in seinem Gesicht eine große Entschlossenheit, Veränderungen herbeizuführen. Er wollte die Unterdrückten aus diesem Land in die Freiheit führen.

Noch in der Wüste war ihm plötzlich ein Mann entgegen gekommen, den er dann fast zärtlich begrüßte, nachdem es sich herausgestellt hatte, dass es sein Bruder Aaron war, den er viele, viele Jahre nicht mehr gesehen hatte, seit er wegen eines Verbrechens aus dem Lande fliehen musste. Sie redeten dann unterwegs lange über seine umwälzenden Pläne und weit reichenden Ziele.

Unbemerkt kamen sie über die Grenze und tauchten in einem der Dörfer unter, in denen die Zwangsarbeiter mit ihren Familien hausten, Angehörige ihres unterdrückten und als Sklaven geschundenen Volkes. Heimlich ließen die beiden alle führenden

Männer der Unterdrückten aus den Dörfern und Stadtrandgebieten zusammenkommen und sprachen begeistert zu ihnen von einer besseren Zukunft, von entscheidenden politischen Veränderungen, vom Ende der Sklaverei und dem Glauben, der mutig den Weg in die Freiheit geht. Sie würden zunächst in die Wüste ziehen, um über eine neue, sinnvolle Ordnung des Lebens nachzudenken. Dann aber in ein neues Land, in dem sie dieses Leben miteinander gestalten könnten. Als die Männer ihn fragten, woher er das alles hätte, wie er auf diese Gedanken gekommen sei, da sagte er: »Ich war sehr lange allein und habe über die Situation und den Glauben unseres Volkes nachgedacht. Und dann hat Gott zu mir geredet, mir diese Gedanken und Hoffnungen eingegeben. Der Gott, von dem ihr euren Kindern die alten Geschichten erzählt, mit dem ihr selbst aber wenig oder gar keine Erfahrungen gemacht habt. Ich habe nun erfahren, wer dieser Gott ist. Seine Kraft und Hoffnung sind in mir und sollen auch in euch sein, damit wir frei werden, wir alle zusammen.« –

Sie waren von dieser Rede beeindruckt und glaubten dem Mann. Manche von ihnen fingen wieder an zu beten.

Das Land, in das der Mann kam, war Ägypten, im Norden Afrikas. Das unterdrückte Volk hieß Israel, der Mann war Mose und sein Bruder Aaron.

Nach der heimlichen Versammlung sagte Mose zu Aaron: »Die Männer sind auf unserer Seite. Jetzt kann es losgehen. Gleich morgen früh gehen wir zum Pharao.« – Er meinte den König von Ägypten, der damals Pharao genannt wurde. Aaron erschrak: »Gleich zum Pharao? Glaubst du denn, die Wachen lassen uns überhaupt in den Palast hinein?« – »Keine Sorge, Aaron! Hast du vergessen, dass ich dort aufgewachsen bin als adoptierter Sohn der Prinzessin? In den Palast kommen wir schon hinein und vor den Pharao auch. Das lass mich mal machen!« –

Am nächsten Tag standen sie tatsächlich vor dem Pharao. »Wer seid ihr?« – »Wir sind Vertreter des Volkes Israel, Mose und Aaron.« – »Was wollt ihr?« – »Der Gott, an den wir Israeliten glauben, hat in der Einsamkeit zu mir geredet und lässt dir sagen: ›Pharao, du sollst Israel, mein Volk, freigeben, dass sie in die Wüste ziehen und ein großes Gottesfest für mich feiern.‹« – Der Pharao war verwundert über diese großen, herausfordernden Worte der Vertreter des Sklavenvolkes: »Was ist denn das für ein Gott? Ich kenne ihn nicht. Seht doch unsere Götter: Die leuchtende Sonne, der blasse Mond und der fruchtbare Nil. Seht doch, da sind sie! Aber wo ist euer Gott? Unsichtbar? Merkwürdig, er zeigt sich nicht, redet aber zu den Menschen und gibt ihnen seine Gedanken ein? Sind das nicht bloße Einbildungen? Wo gibt es ihn denn überhaupt, euren Gott? Und was das Volk anbetrifft: Warum soll ich sie denn freigeben? Wir brauchen euch doch für die Arbeit an unseren großen Staatsbauten. Euch freigeben? Kommt gar nicht in Frage! Und ihr beide«, sagte er streng, »steht hier nicht herum und haltet unsinnige Reden. Ab mit euch!«

Als Mose und Aaron weg waren, dachte der Pharao: »Diese Leute haben offensichtlich noch zu viel Zeit. So kommen sie auf unsinnige Gedanken. Man muss sie noch viel härter drannehmen!« – Noch am gleichen Tage ging ein Befehl des Pharao an die Verwaltungen und alle Wachkommandos, die die Zwangsarbeit planten und kontrollierten: »Die Lieferung von Stroh für die Ziegelproduktion durch die Zwangsarbeiter ist ab sofort einzustellen. Sie sollen sich das nötige Stroh auf den abgeernteten Feldern selbst zusammensuchen und trotzdem die gleiche Menge Ziegel pro Tag herstellen wie bisher. Dieser Befehl ist strengstens durchzuführen. Tritt irgendwo ein Rückgang der Produktion ein, ist das sofort zu melden. Schuldige sind hart zu bestrafen.« –

Die Arbeiter waren wütend und verzweifelt. Hatten sie bisher schon von früh bis spät schuften müssen, um das grausame Tagespensum zu schaffen, so sollten sie jetzt auch noch zusätzlich das Stroh sammeln, das zum besseren Zusammenhalt unter den Ton für die Ziegel gemengt wurde. Das war zu viel!

Gegen die bewaffneten Ägypter konnten sie nichts machen. So ließen sie ihre Wut an den Unteraufsehern aus dem eigenen

Volk aus. Es kam zu Tätlichkeiten. Einige der Unteraufseher wurden zusammengeschlagen. Man ließ die anderen erst in Ruhe, als sie versprachen, zum Pharao zu gehen und die Sache vorzutragen. Aber die Beamten im Palast lachten sie nur aus: »Die Zeit, die ihr hattet, um euch diesen lächerlichen Plan mit dem Gottesfest in der Wüste auszudenken, diese Zeit könnt ihr viel besser zum Strohsammeln verwenden. Ab mit euch, sonst lernt ihr uns noch ganz anders kennen!« –

Wie die Männer dieser Abordnung aus dem Palast gekommen waren, wussten sie nachher selbst nicht mehr, so enttäuscht und verzweifelt waren sie. Da sahen sie Mose und Aaron vor dem Palast stehen. Die wollten von ihnen hören, wie es ausgegangen sei. »Ausgerechnet ihr habt die Unverschämtheit, uns danach zu fragen? Euch und euren unsinnigen Reden haben wir die Verschärfung unserer Arbeitsbedingungen doch nur zu verdanken. Jetzt werden die Ägypter uns noch zu Tode quälen. Das ist alles, was bei eurem Freiheitsgefasel herausgekommen ist, bei eurem Gerede von dem, was Gott für uns tun will. Große Taten! Ja, noch mehr Peitsche statt Freiheit! Geht doch hin, woher ihr gekommen seid!« –

Auch Mose war tief enttäuscht. Er blieb längere Zeit ganz allein und dachte über alles noch einmal nach. Da wurde er wieder ruhiger und bekam neuen Mut zum Glauben an den Auftrag Gottes. Dass es schwierig werden würde, hatte er doch gleich gewusst. Nun hieß es, Ausdauer zu zeigen, nicht gleich aufzugeben. Aber als er das dem Volk sagen wollte, hörten sie nicht auf ihn, so enttäuscht waren sie und so kaputt von der harten Zwangsarbeit.

Mose sah ein, dass er selbst mit Aaron noch einmal zum Pharao gehen musste. Sie gingen, und die alte Sage erzählt, dass Aaron seinen Stab vor den Pharao geworfen hätte. Plötzlich wurde eine Schlange daraus. Aber der Pharao machte sich nichts daraus. Er ließ seine Spezialisten kommen. Die konnten das auch. Allerdings soll zuletzt Aarons Schlange die Schlangen der Spezialisten verschlungen haben. Aber das machte auf den Pharao auch keinen großen Eindruck. Und ich muss ehrlich sagen, dass ich meine Ziele auch nicht geändert hätte, wenn mir jemand so etwas vormachen würde. Das konnten ja auch nur Tricks sein.

Merkwürdiger war schon, dass sich einige Zeit später das Wasser im Nil rot färbte. Tote Fische wurden angeschwemmt, das Wasser fing an zu stinken. Man konnte es am Fluss nicht mehr aushalten. Die Bewässerungsanlagen, die das Flusswasser auf die Felder leiteten, mussten abgestellt werden, die Versorgung mit Trinkwasser brach zusammen. In ihrer Not gruben die Ägypter längs des Flusses Brunnen, um wenigstens etwas Wasser zum Trinken und Kochen zu haben.

Die Leute machten sich natürlich Gedanken über diese Veränderung des Flusswassers. Einige sagten: »Das Wasser ist zu Blut geworden.« Andere behaupteten, die Erscheinung sei genau in dem Augenblick aufgetreten, als Mose oder Aaron den Stab über den Fluss gehalten und auf das Wasser geschlagen hätten. Sie hätten gerade mit dem Pharao geredet, der sich am Fluss aufhielt, und hätten wieder die Forderung nach Freigabe ihres Volkes gestellt. »Vielleicht ist da doch was dran an dem Gott und dem Glauben dieser Israeliten!« –

Nach sieben Tagen ging die Verfärbung des Flusswassers zurück, und das Leben in Ägypten lief bald wieder so ab wie sonst auch. Aber nicht lange. Dann ging es Schlag auf Schlag. Man nennt das die »Zehn ägyptischen Plagen«.

Zuerst kamen plötzlich aus dem Nil und seinen vielen Kanälen, auch aus den Sümpfen unabsehbare Mengen von *Fröschen*. Man konnte bald keinen Schritt mehr gehen, ohne Frösche zu zertreten – glitsch. Sie kamen in die Häuser, sprangen in Regale, in die Vorräte, in die Kochtöpfe. Deckte einer sein Bett auf – Frösche. Fuhr eine in ihren Schuh – igittigitt! Wollte eine Frau das Brot aus dem Backofen holen, lagen verkohlte Frösche darauf. Wollte einer etwas trinken – Frösche. Überall Frösche, tot und lebendig. Tag und Nacht gab es keine Ruhe. Die Leute waren unausgeschlafen, gereizt, wurden böse. Es war schrecklich. Die Oma wiegelte ab: »Viele Frösche hat es früher auch immer mal gegeben. Ich lebe schon länger und habe Erfahrung.« – »Du mit deinen Erfahrungen!« – »So toll war das früher bestimmt noch nicht. Nicht in den Häusern und Betten. Ist ja zum Verrücktwerden!« – Aber als die Tochter meinte, das könnte etwas mit dem Gott der israelitischen Sklaven zu tun haben, die der Pharao nicht wegziehen lassen will, da fielen sie alle über sie her: »So ein Quatsch! Wie kommst du denn darauf?« – »Ihr könnt ja denken, was ihr wollt, aber die Frauen bei der Wäsche sagen das auch! Die beiden Anführer der Israeliten hätten den Pharao vorher gewarnt, der Mose und dieser andere, der wieder seinen Stab über die Gewässer und Sümpfe ausgestreckt hätte. Es wird noch schlimmer kommen, wenn die Sklaven nicht endlich wegziehen dürfen. Ihr werdet schon sehen.« – »Dummes Waschweiber-Geschwätz«, knurrte der Mann, schlug die Tür hinter sich zu und zerquetschte dabei zwei Frösche.

Erschreckte Ägypter wandten sich an die Ratgeber des Pharao mit der Bitte, ihn endlich zur Einsicht zu bewegen. So ließ der Pharao Mose und Aaron kommen und versprach, das Volk freizugeben, wenn sie die Frösche beseitigen könnten. »Wir können das nicht, aber unser Gott«, sagte Mose. Und tatsächlich – am nächsten Morgen waren die ekligen Tiere plötzlich tot. Man schaufelte sie zu großen Haufen zusammen und schaffte sie weit fort von den Dörfern und Städten. Trotzdem stank das ganze Land danach. Aber der Pharao dachte nicht daran, sein Versprechen wahr zu machen. »Die Frösche sind weg, die Zwangsarbeiter bleiben hier«, sagte er.

Dann kamen riesige Schwärme von *Moskitos* und plagten Tiere und Menschen. Die Tiere schlugen wie wild um sich, die Menschen konnten es vor Jucken nicht aushalten. Malaria breitete sich aus. Es gab damals ja noch keine feinen Moskitonetze oder chemische Mittel gegen diese Insekten.

Als das endlich überstanden war, kamen Massen von ekligen *Stechfliegen*. Mose und Aaron hatten den Pharao wieder gewarnt, und es wurde auch gesagt, in den Gebieten, in denen die Israeliten wohnten, sei die Plage nicht aufgetreten. Der Pharao bot dann an, sie sollten das Fest für ihren Gott doch hier im Lande feiern. Aber Mose sagte, das ginge nicht. Dann würden die ägyptischen Priester sie wegen Verstoßes gegen die religiösen Gebräuche und wegen Erregung von religiösem Ärgernis anklagen und das sowieso jetzt schon so gereizte ägyptische Volk gegen sie aufhetzen. Die würden sie dann umbringen. Nein, sie müssten wenigstens drei Tagereisen weit in die Wüste. Das sah der Pharao ein und stimmte zu. Aber als die Fliegen dann weg waren, wollte er auch jetzt nichts mehr von seiner Zusage wissen.

Dann trat eine verheerende *Viehpest* auf. Unzählige Tiere – Rinder, Pferde, Kamele, Esel und Schafe – verendeten. Überall lagen ihre Kadaver herum, Schwärme von Geiern standen über dem Land, es stank entsetzlich. Viele Ägypter Viehzüchter und Bauern, waren finanziell ruiniert. Versicherungen gab es damals ja noch nicht. Übrigens wurde wieder behauptet, dass die Tiere der Israeliten verschont geblieben seien.

Dann traten *Blattergeschwüre* auf, ein böser Hautausschlag, eiternd und juckend. Danach kamen gewaltige Unwetter über das Land mit so schwerem *Hagelschlag*, dass nicht nur die Gewächse auf den Feldern, sondern auch Bäume zerstört, ja sogar Tiere und Menschen draußen erschlagen wurden. Mose und Aaron sollen auch diese Katastrophen angekündigt haben, und viele Ägypter waren inzwischen so voller Angst vor dem Gott des Volkes Israel, dass sie ihr Vieh vorher in die Ställe brachten und selbst zu Hause blieben. Aber als die Unwetter vorbei waren, gab der Pharao immer noch nicht nach.

Als dann wieder einiges auf den verwüsteten Feldern nachgewachsen war, kamen riesige Schwärme von *Heuschrecken*. Es begann wieder damit, dass Mose und Aaron diese Katastrophe ankündigten, wenn das Volk Israel nun nicht endlich frei käme. Die Ratgeber des Pharao redeten ihm gut zu, es nicht so weit zu treiben, bis das ganze Land unter den Plagen untergegangen sei: »Lass dieses Volk doch endlich ziehen, damit sie so leben können, wie ihr furchtbarer Gott es von ihnen will.« – So kam es zu erneuten Verhandlungen. Der Pharao wollte nur die Männer ziehen lassen, um das Fest in der Wüste zu feiern. Aber Mose und Aaron bestanden darauf, auch die Frauen, Kinder und alten Leute mitzunehmen, ja sogar das Vieh. Da merkte der Pharao, dass sie ganz wegziehen und nie mehr wiederkommen wollten. Er wurde böse und ließ die beiden Männer hinauswerfen.

Bald darauf setzte der Ostwind ein, der heiße Wind aus Wüsten und Steppen. Er wehte die ganze Nacht durch, und am Morgen wurde der Himmel dunkel von den riesigen Heuschreckenschwärmen. Diese Plage gibt es in diesen Ländern bis in unsere Zeit. Ihr habt sicher davon gehört oder gelesen. Aber diese soll schlimmer gewesen sein als alle, an die Menschen sich erinnern konnten. Die großen Insekten bedeckten bald alles, das Land, die Straßen, die Häuser und Gärten. Sie fraßen alles kahl: die Felder, die Wiesen, das Schilf am Ufer des Nils, die Bäume und Sträucher, die Blumen in Gärten und Höfen. Wieder versprach der Pharao, wieder drehte der Wind und trieb die Heuschrecken fort. Wieder dachte der Pharao dann nicht mehr an sein Versprechen.

Schließlich soll über Ägypten drei Tage lang eine *Finsternis* geherrscht haben. Ob es Sandstürme waren? Ich weiß es nicht. Wieder wurden Verhandlungen geführt mit Mose und Aaron. Jetzt wollte der Pharao die Israeliten alle, Mann und Frau, Jung und Alt, fortziehen lassen, aber ihr Vieh sollte im Lande bleiben. Mose war nicht einverstanden: »Wir können kein Fest unseres Gottes feiern ohne Opfer. Wir können nicht opfern ohne Tiere. Unser Vieh müssen wir mitnehmen.« Der Pharao wurde wütend: Geh und komm mir nie wieder unter die Augen, sonst ist das dein Tod!«, schrie er Mose an. Der sagte: »Wie du willst, Pharao, ich komme nie mehr zu dir«, und ging weg.

Viele von den Ägyptern achteten Mose sehr hoch, auch vornehme Leute, auch von den Ratgebern des Pharao. Sie bewunderten sein mutiges Auftreten und die Kraft, mit der er die Befreiung seines Volkes im Namen Gottes betrieb. Mose aber war verzweifelt: »So kommen wir nicht weiter«, sagte er zu Aaron, »das hat alles keinen Sinn mit diesem starrköpfigen Pharao.« – Dann blieb er für sich allein und dachte noch einmal lange über alles nach: Hatte er doch noch nicht richtig verstanden, was Gott von ihnen eigentlich wollte? Das Volk hatte die Katastrophen, die über die Ägypter kamen, staunend miterlebt und glaubte nun auch, dass sein unsichtbarer Gott dahinter stand. Aber war dies Staunen schon ein richtiges Glauben? Freiheit bekommt man doch nicht dadurch, dass man auf Wunder wartet, die die Großen umstimmen sollen. Frei wird man nur, wenn man selbst an seine Freiheit glaubt und sie mutig, klug und konsequent betreibt, auch wenn das einem selbst Angst macht und von einem selbst schwere Opfer fordert, vielleicht gar das Leben. Das ist es, was das Volk jetzt einsehen und lernen muss, – so, dass jedes Kind es begreift.

Lange war Mose ganz still. Er wartete auf Einfälle und Gedanken von Gott. Und dann wusste er, wie es gehen konnte. Wieder rief er die führenden Männer des Volkes zusammen und besprach alles mit ihnen.

In den nächsten Tagen besorgte sich jede israelitische Familie ein Lamm. Die Reicheren halfen den Ärmeren dabei. An einem bestimmten Tag wurde das Lamm in jedem Haus geschlachtet und das Blut in einer Schale aufgefangen. Dann nahm der Hausvater einen Lappen und schmierte das Blut ringsherum außen an den Rahmen der Haustür. Die Kinder schauten erstarrt zu. Endlich wagte ein älterer Junge zu fragen: »Warum machst du so etwas, Vater? Schrecklich genug, dass du das Lamm totgemacht hast. Aber das mit dem Blut, das ist richtig eklig, igitt! Wie das aussieht! Da sitzen schon Fliegen drauf, bald wird es auch noch stinken!« – Der Vater nickte: »Du hast Recht, das ist schwer zu ertragen. Aber wir werden noch mehr durchstehen müssen. Dies mit dem Blut ist nur ein Zeichen dafür, wie schwer es ist frei zu werden. Das sollt ihr wissen, denn morgen ganz früh werden wir alle dieses Gefängnis-Land verlassen.« – »Aber die Ägypter werden das doch nicht erlauben. Sie werden uns so schlagen, wie dich bei der Arbeit. Vielleicht schlagen sie uns dann alle tot!« – »Vielleicht«, sagte der Vater sehr ernst, »aber wenn wir morgen nicht einfach losgehen – was auch geschehen mag! – dann werden wir nie frei. Die vielen Katastrophen konnten den Pharao nicht umstimmen, aber vielleicht unser Todesmut. Und wenn eine neue Plage in dieser Nacht über die Ägypter kommt, dann wird das Blut des Lammes an der Tür unser Schutzzeichen sein.« Die kleineren Kinder verstanden das nicht alles, aber sie merkten, wie ernst es dem Vater war und dass sein Entschluss feststand.

Dann wurde das Lamm gebraten, und sie setzten sich alle um den Tisch. Dabei waren sie so angezogen, als ob sie gleich weggehen wollten, hatten Wanderschuhe an den Füßen, und die Stöcke lehnten griffbereit an der Wand. Als sie dann zusammen aßen, sagte kaum jemand etwas, auch die Kleinen nicht. Es war ihnen, als ob Gott ganz nahe sei. Dann machte die Mutter neuen Brotteig zurecht. Sie sollte aber keinen Sauerteig zum Aufgehen des Teigs drantun. Sauerteig wird immer von dem alten Teig genommen, damit das Brot locker wird. »Aber dann wird unser Brot ja ganz fest und hart, Mutter, sagte die älteste Tochter. »Ja, deshalb mache ich auch ganz dünne Fladen«, meinte die Mutter. Nun sollte etwas ganz Neues anfangen: Der Weg in die unbekannte Freiheit, die noch keinen Geschmack hatte wie das ungesäuerte Brot.

Keiner durfte in der Nacht das Haus verlassen, keiner durfte schlafen. Sie warteten voller Angst und gespannter Hoffnung auf das Zeichen zum Aufbruch. Es war eine unheimliche Nacht. Von den Häusern der ägyptischen Bewacher hörten sie plötzlich Schreckensschreie und Jammern herüberschallen. In ihren eigenen Häusern war alles totenstill. Am frühen Morgen kamen einige Ägypter, auch Frauen waren dabei. Sie sahen alle ganz verstört aus. »Heute Nacht ist unser ältester Sohn plötzlich auf unheimliche Weise ums Leben gekommen, wie erstickt lag er da. Die Leute sagen, in allen ägyptischen Familien sei das so. Einige wollen einen würgenden Todesengel durch die dunkle Straße gehen gesehen haben. Er hätte alle Türen angeschaut und sei an den mit Lammblut bestrichenen vorübergegangen. Hätten wir das doch bloß auch getan! Auch der Kronprinz im Palast des

Pharao soll tot sein. Der Pharao hätte sagen lassen, die Israeliten sollten nun endlich das Land verlassen. Es sei genug Unheil geschehen.« So die Ägypter. Sie packten Gold, Silberschmuck und andere teure Sachen aus, gaben sie den israelitischen Familien und sagten: »Nehmt, nehmt bitte! Aber verlasst ganz schnell unser Land, bevor wir alle auch noch so grauenhaft umkommen durch euren unheimlichen Gott, wie unsere ältesten Söhne. Geht, bitte!«

Ob nun die alte Sage von dem würgenden Todesengel und dem geheimnisvollen Sterben der ältesten Söhne der Ägypter zutrifft, oder sie deshalb so durcheinander waren, weil sie den Todesmut der Israeliten sahen, jedenfalls hielten sie keinen Israeliten zurück, sondern waren erleichtert, als das Zeichen kam und die Unterdrückten in die Freiheit auszogen. Sie brachen aus der hierarchischen Ordnung aus, die sich wie eine Pyramide von unten nach oben aufbaut und unveränderlich, unbeweglich feststeht wie ein Berg,

– wo die oben sich frei entfalten können und die unten festgelegt sind, gefangen in ihrer Arbeit
– wo die oben wie Götter leben und die unten wie Sklaven
– wo die oben als Herren befehlen können, was sie wollen, und die unten gehorchen müssen und leiden.

Sie machten sich auf, einem neuen Ziel entgegen, blieben in Bewegung und gaben sich für jede Situation eine entsprechende Ordnung, die möglichst für alle gut war. Ganz vorne sind sicher die gegangen, die das Ziel am besten kannten, die leuchtende Hoffnung auf eine menschliche Gerechtigkeit, die ihnen wie das Feuerzeichen Gottes vorschwebte. Menschen wie Mose und Aaron, die den Weg wissen, Entscheidungen treffen können, die für alle gut sind, und die den Mut haben, Gefahren und Widerständen zu begegnen.

In der Mitte gingen wohl die, die Schutz und auch Zeit brauchten: Mütter und Väter, die ihre Kinder versorgen, deren Fragen beantworten, sie trösten und lieb haben müssen. Verliebte, die füreinander Zeit brauchen, Menschen, die Lasten tragen und das Vieh treiben. Auch umständliche ältere Leute.

An der Seite können Leute gegangen sein, die den Zug zusammenhalten, organisieren, Auskunft geben und in Schwierigkeiten raten und helfen können.

Und am Schluss ein paar starke Männer und Frauen, die Zurückbleibenden aufhelfen und die den ganzen Zug vor Gefahren von hinten beschützen können.

Israels Zug durch das Meer

Und nun stellt euch vor: Eine Wüstenlandschaft, hart, bergig; allmählich fällt sie zum Meer hin ab in weicheren Dünenwellen. Die heiße Luft flimmert so, dass man den blauen Streifen des Meeres manchmal schon zwischen den Dünen sieht. Aber dann löst sich die Spiegelung wieder auf. Es bleibt nur der heiße Sand.

Aber da, zwischen der letzten und der vorletzten Dünenwelle vor dem Meer, da ist doch etwas. Tatsächlich: ein Lager. Und das sind nicht nur ein paar Zelte von Beduinenhirten. Das ist eine riesige Menge von Menschen, offensichtlich auf der Wanderung. Aber was wollen die hier, wo die nackte Wüste übergangslos an das Meer stößt? Es sind auch alte Menschen dabei und Kinder. Und das sind auch keine Beduinenzelte aus schwerem Tuch zum Schutz gegen die glühende Sonne. Ein paar Wolldecken und Tücher über einfache Stöcke gehängt, das ist alles.

Unten an der tiefsten Stelle der Mulde, hat sich tatsächlich etwas Süßwasser gesammelt. Dort gibt es ein paar Gräser und knorriges Gebüsch. In seinem spärlichen Schatten drängen sich ausgemergelte Ziegen und Schafe, auch ein paar Esel.

In den Zelten sind nur Frauen zu sehen. Sie versorgen die kleinen Kinder, reden beruhigend auf die größeren ein. Immer wieder laufen ihnen Tränen über das Gesicht. Verstohlen wischen sie mit dem Ärmel darüber hin. Was ist geschehen?

Die Männer sitzen weit um das große Zelt, das alle anderen im Lager überragt. Sie reden aufgeregt über den Bericht von drei Kaufleuten, die vor einer knappen Stunde mit ihrer Karawane aus Ägypten gekommen sind und weiter bis ins Afrikanische hinein wollen. Immer neue Gruppen von Männern drängen heran und fragen nach der Mobilmachung in Ägypten. Sie wollen Einzelheiten wissen. Fragen über Fragen: »Gegen wen sollen die Kampfverbände denn eingesetzt werden?« – »Wir haben nur gehört, dass ein Sklavenvolk ausgebrochen sei und zurückgeholt werden soll.« – Die fragenden Männer sehen sich erschrocken an. Die Kaufleute nicken ernst. Sie wissen es längst. – »Wie viele Soldaten mussten sich denn marschbereit machen?« – »Das wissen wir natürlich nicht so genau. Wir haben nur die schnellen Boten gesehen, die den Befehl des Pharao-Königs in die Kasernen brachten, und uns dann erkundigt.« – »Und die schrecklichen Kampfwagen, mit denen die Ägypter alles niederwalzen, was sich ihnen entgegenstellt?« – »Ja die sollen aus den Depots geholt und kampfbereit gemacht worden sein.« – »Was meint ihr denn, wann die hier sein können?« – »Wir haben das alles nun schon oft genug gesagt«, der ältere Kaufmann winkt müde ab. – »Die Truppe der Ägypter war bestimmt am Tage nach unserer Abreise marschbereit, und dann werden sie auch losmarschiert sein«, berichtet der jüngste Kaufmann bereitwillig weiter. »Wir sind jetzt vier Tage unterwegs. Wie ihr seht, haben wir schnelle Kamele, aber auch ziemlich viel Lasten. Eigentlich müssten die mit ihren Kampfwagen jetzt schon hier sein. Aber es gibt da auf der Strecke einige lange Flugsandfelder. Da werden sie mit ihren Kampfwagen mehr Schwierigkeiten gehabt haben als wir mit unseren Kamelen.« – »Andererseits muss man auch bedenken, dass ihr ja einen großen Umweg gemacht habt, den die Ägypter bestimmt abgekürzt haben«, fuhr der mittlere der Kaufleute fort. »In Ägypten wusste man schon, dass ihr plötzlich in die Wüste abgebogen seid. Daraufhin hat der Pharao die Truppe mobilisiert« –»Ja, warum seid ihr denn eigentlich abgebogen und nicht weiter an der Mittelmeerküste entlang nach Palästina geflohen?«, wunderte sich der Jüngste der Kaufleute. »Ich habe gehört, dass eure Vorfahren aus dem Land Palästina stammen sollen.« –

Diese Frage löst aufgeregte Gespräche unter den Männern aus. Harte Worte gehen hin und her. Es bilden sich Sprechchöre, einzelne Stimmen versuchen durchzukommen. »Warum sind wir nicht nach Palästina gezogen?« – »Ich hab ja gleich gesagt: Das geht schief. Jetzt haben wir's!« – »Was wollen wir eigentlich hier zwischen Wüste und Meer?« – »So ein Blödsinn! Wir können jetzt weder vor noch zurück. Und dann noch diese Wahnsinnssonne. Nirgends ist Schutz davor.« – »Die werden uns ummähen und abschlachten. Uns alle. Ganz schnell!« – »Besser Sklaven in Ägypten als tot in der Wüste!«, schreit der Sprechchor immer wieder. – »Ach, wären wir doch bloß dort geblieben!« –

Die Vorwürfe gelten dem alten Mann, der aufrecht im Eingang des großen Zeltes steht. Er ist offensichtlich der Anführer des Volkes. Aber es sieht jetzt so aus, als höre er das alles gar nicht, als spüre er nicht die Angst und Verzweiflung, die aus den Gesichtern seiner Landsleute nach ihm greift. Ruhig steht er da. Sein auffallendes Gesicht drückt Vertrauen aus. Eine große Sicherheit strahlt von der Gestalt aus. Er macht eine leichte Bewegung mit der Hand. Die Schreie und Klagen verstummen. »Ihr braucht keine Angst zu haben«, sagt er ruhig, »Gott wird uns retten. Ich bin fest davon überzeugt. Ihr könnt euch darauf verlassen. Geht jetzt zu euren Familien zurück. Gebt das Vertrauen an sie weiter. – Und haltet euch bereit. Ich schicke Boten herum, wenn wir aufbrechen.«

Es bleibt noch eine ganze Weile still unter den vielen Männern. Keiner fragt, wohin sie denn aufbrechen sollen. Sie ahnen, dass Mose alles lange vor Gott bedacht hat. Sie spüren die ruhige Gewissheit, die nun auch sie erfüllt, die Angst und Zweifel schwinden lässt. Nachdenklich sitzen sie, besinnen sich auf die Kraft, die sie zusammenhält und leitet. Dann stehen die Ersten auf, gehen ruhig weg, andere folgen. So leert sich langsam der Platz vor dem großen Zelt.

Die fremden Kaufleute staunen über dieses Volk, über Moses, ihren Anführer. Dann gehen auch sie und bereiten den Aufbruch der Karawane vor.

Hinter der letzten Düne am Meer hocken vier Jungen. Sie sind oft zusammen, denken sich tolle Sachen zum Spielen aus.

Aber jetzt sitzen sie ratlos. »Weißt du, was die Kaufleute da in den großen Ballen auf den Kamelen transportieren, Ehud?«, versucht Joschi abzulenken. – »Ist jetzt doch egal, Joschi«, weist Ehud ihn zurück, »denk lieber an die scharfen Sicheln, die die Ägypter rechts und links an ihre Kampfwagen stecken, wenn sie angreifen.« – »Woher willst du das wissen?« – »Ich hab mich mal in eins ihrer Depots geschlichen und die Dinger gesehen, scharf wie Sensen. Die mähen alles glatt um, wenn sie mit ihren Pferden und Wagen in uns reinfahren. Dagegen können auch unsere stärksten Männer nicht an.« – »Und jeden Augenblick können sie hier sein.« Micha hat Tränen in den Augen, aber keiner macht eine Bemerkung. – »Ob man nicht doch irgendwie über das Meer kommt?« – Es soll nur ein schmaler Meeresarm sein, den man das Schilfmeer nennt, sagt Onkel Jona.« – »Schmal?« Ham verzieht das Gesicht, »Guck doch rüber, ob du da irgendwo Land siehst. Ich sehe nur Wasser, Wasser und Himmel, Himmel, sonst nichts. Und meine Augen – na ja.« – »Und sowieso: Die meisten von unseren Leuten können doch überhaupt nicht schwimmen.« – Micha läuft die Düne hinauf. »Von hier aus kann man sehen, dass das Wasser gar nicht so tief ist. Immer noch flachere Stellen, so weit man überhaupt was sieht.« – »Tief genug zum Versaufen!« Ham wirft einen schweren Stein weit hinaus ins Wasser, »selbst für solche wie mich.« – Er ist einer der größten Jungen im Lager. »Ich hab's doch vorhin erst ausprobiert.« – »Wenn man wenigstens Flöße bauen könnte.« – »Flöße? Wovon denn? Hier wächst doch nichts außer dem bisschen Gestrüpp und etwas Schilf.« – Ehud zieht mit dem großen Zeh Linien in den Sand: »Auch wenn wir alle Zeltstöcke des Lagers zusammenbinden, bringt das gar nichts. Höchstens zwanzig Leute würde das ganze Ding tragen, ich hab's genau ausgerechnet.« – »Und was ist mit den übrigen Tausenden? Sollen die zuschauen, gute Reise winken? Ham schaut Ehud an, sie stehen auf. »Kommt zurück ins Lager. Mal hören, was die Männer am Zelt des Mose beschlossen haben.«

Als wenig später die Sonne schon tief steht, glüht der Himmel über den dunkel werdenden Dünen. Wind kommt auf, schwarze Sandschleier wehen über den roten Himmel. Schnell werden die leichten Zelte abgeschlagen, die Decken und Tücher verstaut. Dann gellt der Schrei durchs Lager, wird aufgenommen, setzt sich fort: »Die Ägypter! – Sie sind da!«

Inzwischen peitscht der Sand über das Lager. Sie binden hastig ihre Kopftücher vors Gesicht, kneifen die Augen zu. Oben auf der Sandwelle über dem Lager tauchen Gestalten auf, bewaffnet stehen sie als unheimliche Silhouette vor dem verlöschenden Abendhimmel: die Ägypter.

Jetzt kommen Wolken auf, ballen sich drohend, leuchten grell auf. Dann ist wenigstens etwas im aufgelösten Lager zu sehen. Und die Ägypter mit ihren Lanzen und Schilden stehen ganz dunkel, merkwürdig. – Später sagen die Alten aus dem Volk, es sei die Wolke Gottes gewesen, die zwischen dem Lager und den Ägyptern stand. Zeichen des Schutzes für das wandernde Volk.

Schon zucken Blitze. Donner grollt, kracht, übertönt die ägyptischen Befehle, die unheimlich von den Sandwellen herüberschallen, übertönt das böse Klirren der Waffen. Man bekommt wirklich nichts mehr mit in dem Heulen des Sandsturms, im Krachen des Gewitters, im blendenden Zucken der Blitze. Alles ist ein einziges großes Durcheinander, voller Todesangst.

Die Männer haben sich am oberen Rand des Lagers aufgestellt. Mit ihren Hirtenstäben bewaffnet, mit Messern. Nur wenige haben einfache Bogen und Pfeile, andere Beile. Sie wissen, dass sie verloren sind, wenn die Ägypter mit ihren Kampfwagen angreifen. Einige Männer rufen jetzt zum Lager zurück: »Schnell, nehmt eure Bündel auf und runter zum Meer!« – »Kümmert euch um die Alten und die Kinder!« – »Vergesst das Vieh nicht!« – »Alle sollen sich an den Händen fassen oder sich aneinander festbinden, damit keiner verloren geht.« – Macht schnell, los!« – Der Sturm ist jetzt so angeschwollen, dass sich die Menschen kaum auf den Beinen halten können. Die Ägypter haben Schwierigkeiten mit ihren Pferden. Die zittern nervös, scheuen, lassen sich kaum noch halten, treten um sich. Geschirr und Zügel verwirren sich. An ein Vorankommen mit den Kampfwagen ist nicht zu denken.

So kämpfen sich die Israeliten durch den peitschenden Sand aneinandergeklammert die letzte Düne zum Meer hoch. Auf dem Kamm weht es sie einfach um. Sie kriechen, rutschen zum Strand herunter, halten sich aneinander fest.

Unten, im ehemaligen Lager, kauern noch einige wie erstarrt, zittern vor Angst. Andere reden beruhigend auf sie ein, ziehen die Kauernden hoch, legen den Arm um die Heulenden, nehmen sie mit. So leert sich der Platz. Als Letzte schließen die Männer an. Einige im Zug werfen oben vom Kamm der Düne einen scheuen Blick zurück. Später – als sie immer wieder davon erzählen – sagen sie: »Wir haben da einen Engel stehen sehen. Der ließ die Ägypter nicht vorankommen. Und da sind wir ganz ruhig geworden.« –

Micha ist an der Seite seiner älteren Schwester und hält die Hand seiner Oma ganz fest. So versuchen sie, vorwärts zu kommen im langen Zug der Familien. Die letzte Düne haben sie schon hinter sich gebracht. Micha wundert sich, dass das Meer so völlig still ist – bei diesem fürchterlichen Sturm. Kein Rauschen der Wellen, kein Schlag der Brandung an das Ufer, nichts, nur das Heulen des Sturmes. Und sie gehen immer weiter ins Dunkel. Der weiche Dünensand wird plötzlich hart und fest unter seinen nackten Füßen, etwas feucht fühlt er sich an. Micha bohrt beim Gehen seine Zehen in den Sand. Und plötzlich durchzuckt es ihn: »Das Meer ist weg! Großer Gott! Wir gehen ja auf dem Meeresgrund.« – Wieder kommen ihm die Tränen, diesmal vor staunender Ergriffenheit: großer Gott!

Es ist ein unendlich langer, beschwerlicher Marsch, die ganze Nacht hindurch, ein mühsamer Kampf gegen den tobenden

Sturm. Wolkenfetzen jagen über den Himmel, Tiere schreien. Die verängstigten Menschen halten sich fest an den Händen, an den Kleidern, um die Richtung nicht zu verlieren. Immer wieder stolpert jemand über Steine, über Rillen im Sand. Von hinten schreien die Männer: »Die Ägypter kommen hinter uns her!« – »Schnell, schnell! Lauft doch! – »Wir schaffen es nicht.« – »Doch, lauft, schnell!«

Noch schneller versuchen sie alle vorwärts zu hasten. Micha wundert sich, wie seine Oma das durchhält, wo sie doch geschwollene Füße hat. Er hört, wie sie leise murmelt. Ihre warme Hand tut ihm gut in dieser Nacht.

Endlich steigt der Boden unter ihnen etwas an. Die letzte Strecke sind sie schon durch lange Pfützen gewatet. Der Sturm hat nachgelassen. Die Füße spüren wieder weichen, trockenen Boden. Sie sind hindurch! Der Himmel wird langsam heller.

Plötzlich stehen Ehud und Joschi neben Micha. Er sieht sie versonnen an: »Darauf wäre wohl keiner von uns gekommen.« – »Ja«, dehnt Ehud die Stimme, »Ham hat vorhin erzählt, dass der große Mose zu Beginn der Nacht seine Hand – oder war es sein Stab? – über das Wasser gereckt hat.« – »Der Mose ist ein großer Gottesmann, wirklich.« – »Ham ist mit unter den Ersten gewesen, die losgegangen sind.« – »Vorher habe Mose mit ihnen gebetet, hat Ham uns zugeflüstert.« – Zu weiteren Gesprächen sind die Jungen nicht mehr fähig. Sie sinken erschöpft in den Dünensand und schlafen auf der Stelle ein. So geht es den meisten aus dem Volk. Nur ein paar Männer um Mose halten auf der Düne Ausschau. Ham ist dabei.

Später erzählen sie: »Die Ägypter sind mit ihren Kampfwagen schon weit im Meer gewesen, da konnten sie ja schnell fahren. Aber dann hörte der Sturm auf, und das Wasser kam zurück. In den Rinnen und Pfützen stieg es schnell hoch. Da sind die Ägypter mit den schweren Wagen nicht mehr weitergekommen. Deutlich hörten wir ihre Befehle und Flüche herüberschallen. Die Pferde schafften es einfach nicht mehr, trotz Peitschen und Zügelzerren. Sie sanken nur noch tiefer ein. Da ließen die Soldaten Pferde und Wagen stehen, warfen ihre Waffen weg und flohen in großer Panik zurück. Aber das andere Ufer hat wohl keiner von ihnen mehr erreicht. Das Wasser kam dann doch sehr schnell zurück. Und später schwemmte das Meer einige von ihnen hier an – ertrunken.«

Joschi, Micha und Ehud wachen fast gleichzeitig auf von einem gleichmäßigen, rhythmischen Geräusch. Sie reiben sich die Augen, blinzeln und schauen noch einmal hin: Mirjam, die Schwester des Mose, steht auf der Düne, schlägt die Handtrommel, singt dazu ein Lied. Einige Frauen stehen bei ihr und singen mit. Immer mehr kommen dazu. Das Lied schwebt über das ganze Volk hin. Alle singen mit, auch Micha, auch die Oma und die Männer:

> *Wir singen ein Lied.*
> *Kommt, singt alle mit!*
> *Wir singen ein Lied*
> *unserm großen Gott.*
>
> *Hindurch sind wir! Frei*
> *von Zwängen und Angst.*
> *Befreit sind wir. Frei*
> *für uns selbst, für Gott.*
>
> *Das schreckliche Heer,*
> *ägyptische Macht,*
> *versunken im Meer*
> *im Wunder der Nacht.*
>
> *Wir singen ein Lied.*
> *Kommt, singt alle mit!*
> *Wir singen ein Lied*
> *unserm großen Gott.*

Diese Geschichte erzählten sich die Leute in Israel sehr oft, von Generation zu Generation, bis heute. Wir Christen tun das auch.

Und die Israeliten schmückten dabei die Geschichte gern ein bisschen aus.

Als der alt gewordene Micha die Geschichte vom Gang durchs Meer wieder einmal seinen Enkeln erzählte, da hörte es sich schon so an, dass sie durch hohe Mauern von Wasser rechts und links gegangen seien. – Und wenn der alte Ehud, der gerade zu Besuch bei Micha war, ihn anstieß: »Was erzählst du denn da deinen Enkeln für Übertreibungen?«, dann lächelte der alte Micha: »Ist es nicht wirklich ein Wunder gewesen? Du kannst es gar nicht groß genug machen, Ehud. – Bei Gott! Sind wir nicht wirklich gerettet worden vor diesen schrecklichen Ägyptern und ihren furchtbaren Waffen? Sind wir nicht, du und ich, mit unseren eigenen Füßen durch das Meer gegangen?« –

In den Augen des alten Micha war dann immer noch staunende Ergriffenheit. Und er dachte dann an die warme Hand seiner Oma und an ihr leises Murmeln von Gebeten. Da war Gott so nahe gewesen. So ganz nahe.

Und das Lied der Mirjam wusste der alte Micha auch immer noch ...

Jesu Weg zu den Menschen

(Lukas 2; Matthäus 2-4)

Als er geboren wurde, soll ein Stern auf seine Bedeutung aufmerksam gemacht haben. Ob es sich dabei nun um eine Konjunktion der Planeten Jupiter und Saturn gehandelt hat und in welchem Jahr das wirklich geschehen ist, das lasse ich einmal auf sich beruhen. Aber ich bin sicher: Die meisten Leute damals haben das gar nicht gemerkt. Es gibt ja so viele Sterne!

Ich könnte mir auch denken, dass da auf dem Feld bei Bethlehem noch andere Hirten waren. Die sind da wohl am Stall oder an der Höhle vorbeigegangen. Vielleicht haben sie auch reingeschaut: ein junges Paar, ein Neugeborenes. Nichts Besonderes. Arme Leute gibt's doch so viele!

Die Hirten, von denen Lukas in der Bibel erzählt, die haben gemerkt, wer das Kind war. Anbetend haben sie das Wunder Gottes bestaunt. Die Sterndeuter, die wir auch als »Könige« kennen, ebenfalls. Sie kamen von weither, haben die Hoffnung leuchten gesehen: Hier ist Gott nahe! Hier bekommt unser Leben einen neuen Sinn.

Als Jesus dann zwölf Jahre alt war, nahmen ihn seine Eltern mit zum Passafest in die Hauptstadt Jerusalem. Da war der Tempel Gottes, da wurden seine Gebote gelehrt, da wurde geopfert und gefeiert. Das war eine Reise zu Fuß von fast einer Woche hin und dann wieder zurück. Am zweiten Tag der Rückreise merkten seine Eltern, dass er nicht bei den Nachbarn aus dem Heimatort Nazareth war, auch nicht bei den Verwandten. Überall hatten sie herumgefragt. Dann gingen sie sorgenvoll nach Jerusalem zurück.

Nicht vor den Schaufenstern fanden sie ihn, nicht in den Werkstätten oder im bunten Treiben der Basare. Sie fanden ihn nach langem Suchen hoch über der Stadt auf dem Tempelplatz.

Viele hundert Menschen liefen da herum, Leute aus aller Welt. Sie hörten und lasen die Gebote Gottes, hörten, was die Lehrer darüber sagten, sahen den alten *siebenarmigen Leuchter*, der auf den Glauben aufmerksam machen wollte. Viele hörten und sahen und staunten vielleicht und gingen wieder nach Hause, waren wieder einmal da gewesen. Aber für den einen begannen die uralten Worte zu leuchten und zu strahlen und er kam nicht wieder davon los. Auch als seine Familie und alle Nachbarn längst wieder auf dem Wege nach Hause waren. Der Junge, der damals etwa so alt war wie ihr, Jesus, soll die gelehrten Männer im Tempel ausgefragt haben und soll ungewöhnliche Gedanken über Gott und den Glauben gesagt haben. Alle dort wunderten sich über den Jungen. Auch seine Eltern, die nach dem Ärger natürlich froh waren, dass sie ihn endlich wiedergefunden hatten. Er ist dann auch mit ihnen nach Hause gegangen.

Viele Jahre später, als Jesus ungefähr dreißig Jahre alt war und wie sein Vater Josef als Zimmermann arbeitete, tauchte da im Land ein recht seltsamer Mann auf. Er hatte den Menschen Wichtiges zu sagen. Er sprach aber nicht in Gemeindehäusern oder Stadtsälen oder auf den freien Plätzen der Städte. Er stand dort, wo niemand wohnte und niemand zu den Menschen redete, irgendwo im einsamen Steppenland. Das sollte ein Zeichen sein. Er meinte nämlich: »Ich will die Leute nicht mit witzigen Reden unterhalten. Davon gibt es viel.

Dann kommen sie, hören sich das an, geben ihr Urteil ab und gehen wieder nach Hause – zum Mittagessen. Sie erzählen dann wichtigtuerisch, wie sie den Mann, von dem alle redeten, in der Einöde erlebt hätten. Aber das war's dann auch. Sonst bleibt dann alles beim Alten. Nein und noch mal nein! Wer hören will, was ich, Johannes, sage, der soll herauskommen, hier ins einsame und unwohnliche Land. Der soll sich das genau überlegen. Denn ich rede davon, dass jeder sein Leben ändern muss, wenn es anders werden soll bei uns und in der Welt. Die Leute denken und sagen immer, dass sich die andern ändern sollen, die

Räuber und Diebe, die Reichen, die Rücksichtslosen, die Verbrecher und die gemeinen Menschen. Aber die denken das natürlich auch, dass die anderen sich ändern sollen. Nein, so kommen wir nicht weiter. Wenn einer etwas von Gott spüren will, dann muss er heraus aus alle dem, was ihm so wichtig und bequem ist. Dann muss er andere Ziele gewinnen, sein Leben ändern.« – Johannes wollte ein Zeichen setzen mit seinem merkwürdigen Auftreten: In der neuen Welt Gottes, da gibt es das nicht, dass einer mit seinen tollen Sachen angibt und prahlt und, dass ein anderer wenig oder nichts hat. Da gibt es das nicht, dass einer den anderen reinlegt und dann auch noch stolz darauf ist, so clever zu sein. Da gibt es das nicht, dass einer andere fertig macht und sich noch stark dabei vorkommt. In der neuen Welt Gottes wird einer dem anderen Freund sein und dem aufhelfen, der weniger hat und kann. Aber das kommt nicht von allein zu dir. Du musst dich ändern, sonst erlebst du nichts von Gott, sagte Johannes in der Einöde.

Und wenn einer ihm entgegen hielt: »Ich allein kann doch damit nicht anfangen, dann gehe ich doch selbst kaputt!«, dann sagte er: »Seht mich an! Ich lebe schon lange Zeit hier, wo niemand glaubt leben zu können, hier in der einsamen und ungastlichen Steppe. Ich sage nicht, dass das einfach und bequem ist mit dem, was man hier nur so zum Leben findet: geröstete Heuschrecken, manchmal ein wenig wilden Honig als Nahrung. Grobe Kleidung aus Kamelhaar und ein lederner Gürtel. Das ist schon alles, und das ist sehr hart. Aber ich lebe. Einfach ja, aber ich lebe. Seht selbst! Und hier ist mir Gott näher als allen, die so gemütlich dahinleben.

Und tatsächlich, es kamen Menschen den weiten Weg in die Einöde. Sie machten sich Gedanken und wollten neu mit Gott anfangen. Johannes sagte ihnen: »Wenn es euch ernst damit ist, dann lasst euch taufen. Steigt hier in den Fluss und lasst euch untertauchen und spürt die Angst um das Leben. Spürt es wie Sterben, wie das Ende des alten Lebens. Und dann kommt ihr wieder heraus. Taucht auf als neue Menschen zu einem

Leben mit Gott.« – Einige taten das, blieben bei Johannes als Freunde.

Dann kam auch Jesus. Er hatte es sich überlegt und war entschlossen. Er wollte sich von Johannes taufen lassen. Und wieder war es so: Viele kannten Jesus in seinem Heimatort Nazareth, waren mit ihm aufgewachsen, mit ihm zur Schule gegangen, waren Verwandte, Freunde und Arbeitskollegen. Und sie alle merkten nichts. »Ja, das ist der Jesus vom Josef, der Zimmermann in Nazareth, den kennen wir.« Aber sie kannten ihn überhaupt nicht, wussten nicht, wer er wirklich war. Aber Johannes der Täufer stutzte, als er ihn kommen sah. Er ahnte, wen er da vor sich hatte: »Ich dich taufen? Du solltest besser mich taufen!« – Aber Jesus bestand darauf, stieg in den Fluss dort, den Jordan, und wurde von Johannes getauft. Und da geschah etwas. Die alten Erzähler haben das so ausgedrückt, dass der Geist Gottes wie eine Taube herabgekommen sei auf ihn. – Eigentlich war gar nichts zu sehen. Denn das, was da passierte, das geschah in Jesus selbst, in seinen Gedanken und Gefühlen, in seinem Bewusstsein. Was seine Eltern und Lehrer ihm längst erzählt hatten, das begann plötzlich hell in ihm zu leuchten als eine feste Gewissheit: Gott mag mich wie ein guter Vater seinen Sohn, genauso stark.

Jesus hat sich über dieses Erlebnis nicht gleich mit Freunden unterhalten. Die hätten das toll oder komisch gefunden wie eine blöde Einbildung. Sie hätten es vielleicht kaputt geredet mit ihren witzig gemeinten Sprüchen.

Jesus wollte allein sein, wollte darüber nachdenken, was das Geschehen der Taufe für ihn bedeutet. Er spürte eine ganz starke Kraft in sich, die Kraft, ungewöhnliche Taten tun zu können. Er spürte eine Macht auch über Menschen und über verborgene Kräfte. Aber wozu? Was war der Sinn, das Ziel? Viele Tage war er allein in der Einöde, wo nur wilde Tiere herumschlichen. Er verzichtete darauf, sich etwas zu essen und zu trinken zu besorgen. Er wollte erst herausfinden, wer er denn nun war, er selbst. »Wer bin ich denn? Was hat mein Leben für einen Sinn? Was will ich eigentlich erreichen?« –

Und dann sah er ihn plötzlich neben sich mit einem eleganten Anzug, Weltklasse, wie ein Star, wie ein hoher Chef, wie ein König mit einer strahlenden *Krone*. Aber mit seinem eigenen Gesicht. Er sah sich lächeln wie ein Sieger auf dem Treppchen, wie ein Politiker hinter Mikrophonen, sah auch die Härte in seinem Gesicht wie die eines Firmenchefs, der Entlassungen ankündigt. Er sah einen Mann neben sich, der es geschafft hatte, ganz nach oben zu kommen, der sich alles leisten konnte. Und dieser Mann hatte sein Gesicht, war er selbst. Er war fasziniert.

Und er hörte ihn flüstern: »Zaubere Brot. Du hast doch Hunger. Zaubere viel Brot für alle, Reichtum für alle. Aus diesen Steinen hier. Du spürst doch die Kraft dazu. Gib jedem, was er braucht: sein Auskommen, sein Auto, sein Häuschen, seine Urlaubsreise. Gib es ihnen, und sie werden dich für den Größten halten, für den großen Führer. Werden dir dankbar sein, dir folgen und sich dann alles von dir gefallen lassen. Los, zaubere doch!« –

Jesus hörte es, dachte lange nach. Und dann erkannte er ihn, durchschaute den bunten Traum: »Und wenn die Menschen allen Wohlstand haben. Sie werden doch voll Neid sein gegenüber anderen, die noch etwas mehr haben. Sie werden voll Angst sein vor anderen, die ihnen etwas wegnehmen könnten. Sie werden ihren Besitz mit Waffen sichern. Wer anders ist, den werden sie als Konkurrenten, als Feind ansehen, auslachen, fertig machen, ausweisen, totschlagen. Ihre Seele wird leer und kaputt sein ohne das warme Leuchten der Liebe. Nein! Der Mensch lebt nicht nur von dem, was er hat. Er lebt davon, dass einer ihn versteht und lieb hat, zu seiner Seele spricht und ihn mag wie Gott.« –

Und wieder hörte er den Traummenschen neben sich flüstern: »Komm mit mir!« – Da sah er sich als Superman auf dem obersten Absatz des Tempels stehen hoch über der Hauptstadt.

Und er sah ganz unten, am Fuße der felsenhohen Mauer, die vielen Menschen, wie sie zu ihm aufschauten, sah die Reporter aus aller Welt. Und er hörte die Stimme flüstern: »Spring doch! Konzentriere dich erst. Du wirst nicht fallen. Alle werden den Atem anhalten. Selbst denen, die an nichts glauben, wird ein unheimlicher Schauer über den Rücken laufen, wenn unsichtbare Kräfte dich auffangen und wie auf Händen tragen. Noch nicht einmal mit dem Fuß wirst du an einen Stein stoßen. So hat es Gott doch gesagt, der dein Vater sein will. Glaub doch dran! Dann werden auch sie alle an dich glauben. Dann werden sich alle nach den Geboten Gottes richten und es wird gut auf der Erde.«

Jesus hörte es, dachte lange nach und erkannte ihn dann zum zweiten Mal: »Nein, so einer soll und will ich nicht sein! Das ist nicht die Kraft Gottes, die ich in mir spüre. Das ist die Kraft des anderen.« – Es fiel ihm ein anderes Gotteswort aus der Bibel ein: »Du sollst den Herrn, deinen Gott, nicht herausfordern.« – »Die Menschen werden staunen«, dachte Jesus, »aber sie werden Zuschauer bleiben, sich selbst nicht ändern und nichts in der Welt ändern. Wer nur zuschauen will, der erlebt Gottes Wunder nicht.« –

Und wieder hörte er die Stimme der Traumgestalt, die wie seine eigene Stimme war: »Komm mit mir!« – Bald sieht er sich auf einem hohen Berg stehen, über der Erde mit ihren Ländern, Städten und Menschen. Und der Berg ist wie eine große Bühne, wie eine oberste Chefetage oder wie der Palast des Präsidenten. Und er sieht sich selbst dasitzen und über alles in der Welt bestimmen. Die Menschen tun, was er will. Denn er gibt ihnen das Gefühl, dass er stark und erfolgreich ist und dass es vorangeht. Wohlstand breitet sich aus, die Arbeitslosenzahl verringert sich ständig, die Börsenkurse steigen wie die Löhne und Gehälter. Aber dann spürt er auch, wie einsam er da oben ist, weit entfernt von den Menschen. Sie bewundern ihn, fürchten ihn, schmeicheln ihm. Ja, das stimmt. Aber sie lieben ihn nicht wirklich, weil er doch nur sich selbst kennt und die Macht anbetet, allein die Macht, die er hat und nicht verlieren will. Um nichts in der Welt verlieren!

Da erschrickt Jesus. Ihn schaudert: »Geh weg, du Erfolgsmensch mit all deinem kalten und verwirrenden Glanz, mit deinen verlogenen Traumbildern. Das ist nicht die Kraft Gottes, die mein Leben trägt, der ich mich anvertrauen will. Selbst groß sein und andere klein machen? Nein, so einer will ich nicht sein. So nicht! Ich möchte den Weg nach unten zu den Menschen gehen. Ich möchte bei den Unglücklichen, den Traurigen, den Eingeschüchterten sein und ihnen aufhelfen. Dazu braucht man mehr innere Kraft als zum Aufsteigen nach oben. Das kann sehr hart und schwer werden. Aber die Kraft dazu spüre ich in mir, die Kraft Gottes. Das ist mein Weg. Jetzt weiß ich es, weiß, wer ich bin. – Geh weg, Satan!« –

Da verschwindet die zwielichtige Schattengestalt neben ihm. Gute Gedanken und Bilder der Freundschaft stellen sich bei Jesus ein. Kräfte der Befreiung und Heilung erfüllen seine Seele und begleiten seinen Weg zu den Menschen.

Geschichten einer Freundschaft: Petrus und Jesus

(Markus 1, Lukas 5, Matthäus 14; 16 und 26, Johannes 21)

Jesus hatte viele Freunde und Freundinnen. Seine zwölf besten Freunde heißen in der Bibel die »Jünger«. Der Wichtigste von ihnen, der auch ihr Sprecher war, wurde Petrus genannt. Eigentlich hieß er Simon. Die Geschichte seiner Freundschaft mit Jesus will ich in sechs Folgen erzählen.

Wer war denn dieser Petrus? Manche sagen, man soll sich mit ihm gut stellen, wenn man einen Ausflug vorhat. Denn er ist für das Wetter zuständig. Die Märchen erzählen, dass er mit einem großen Schlüssel an der Himmelstür sitzt, die Guten einlässt, die Bösen abweist. Katholiken sagen: Der Papst in Rom ist sein Nachfolger, der sitzt dort auf dem »Stuhl des Petrus«. Angler sagen: »Petri Heil!«, weil der auch ein Fischer war, und sie hoffen auf einen guten Fang.

Wie Petrus und Jesus Freunde wurden

So war das, als Petrus und Jesus Freunde wurden.

Am See Genezareth, der einundzwanzig Kilometer lang und zwölf Kilometer breit zwischen den galiläischen Bergen im Norden Palästinas liegt, war Simon geboren. Er arbeitete dort zusammen mit seinem Bruder Andreas als Fischer. Simon war verheiratet. Beim Fischfang auf dem See, stundenlang nachts im Boot, still, um die Fische nicht zu verscheuchen, hatten sie viel Zeit, über den Sinn des Lebens und die Zukunft des Menschen nachzudenken.

Beide gehörten zu den Anhängern von dem Johannes, den man den »Täufer« nennt. Der stand am Jordanfluss und redete davon, dass eine neue Zeit bevorsteht, das Gottesreich. Simon und Andreas glaubten daran und versuchten danach zu leben. Eines Morgens war es, als sie in der Nacht so gut wie nichts gefangen hatten. Sie wuschen und flickten gerade ihre Netze, die sie dann zum Trocknen aufhängen wollten. Da kam er vorbei, von dem sie schon viel gehört, über den sie sich schon viel Gedanken gemacht hatten: Jesus von Nazareth, der jetzt gegenüber am See in Kapernaum wohnte.

Er blieb stehen, schaute ihnen eine Weile zu und fing dann ein Gespräch an. Erst ging es um den Fischfang, dann ging es um das Gottesreich. Jesus meinte, das sei jetzt dran. Er hätte schon damit angefangen. Ob sie mitmachen wollten.

Simon fand das unheimlich stark, was Jesus sagte. Er war begeistert von dem Mann, scheute aber auch vor dem zurück, was Jesus von ihm wollte. Lange schon warteten die Leute auf das Gottesreich. Sie malten es sich aus, sie hofften darauf als auf die Lösung aller Probleme, die Erfüllung aller Wünsche. Zugleich aber hatten sie auch Angst davor, dass Gottes Urteil sie treffen könnte, denn mit seinem Gericht sollte es doch beginnen. Und das sollte nun anfangen, einfach so? Hier am stillen See – ausgerechnet bei ihnen, den einfachen Fischern, die nichts zu sagen hatten?

Simon sagte Jesus gerade heraus, was er dachte: »Das mit dem Gottesreich will ich dir schon glauben, aber ich bin dafür nicht der Richtige. Lass mich, Jesus.« – Der sah ihm in die Augen. Ihm gefiel der Mann, und seine ehrliche Antwort gefiel ihm auch. Er sah die Begeisterung in den Gesichtern der beiden Männer, aus denen die Hoffnung sprach, es könnte nun endlich das anfangen, wovon sie schon so lange träumten.

»Lasst die Netze und die Fische«, sagte Jesus, »jetzt geht es darum, Menschen zu gewinnen für das Gottesreich. Kommt mit mir, Menschenfischer!«

So wurden Simon und Jesus Freunde. Die Brüder überließen Boot und Netze ihren Mitarbeitern. Sie gingen mit Jesus.

Petrus will sein wie sein Freund Jesus

Wieder einmal suchen viele Menschen Hilfe bei Jesus. Das geht bis in den Abend. Jesus lässt seine Freunde schon vorausfahren mit dem Boot über den See. Er selbst betet noch allein auf einem Berg.

In der Nacht kommt Sturm auf. Die Freunde im Boot werden weit abgetrieben. Sie kämpfen um ihr Leben. Bevor der Morgen dämmert, im Toben von Sturm und Wellen, sehen sie Jesus. Sie schreien vor Angst, meinen schon, Gespenster zu sehen. Da hören sie die vertraute Stimme: »Fürchtet euch nicht! Ich bin es, Jesus. Ich bin bei euch.«

Simon sieht Jesus über den drohenden Wellen. Er möchte auch so stark und frei sein, auch so sicher über Tiefen gehen können, als hätte er festen Boden unter den Füßen. Aber allein traut er sich nicht, er braucht Hilfe. Jesus soll ihn rufen, ihm mit seinen Worten Vertrauen geben. Da hört er auch schon die Stimme: »Komm zu mir, Simon!«

So steht er auf, sieht auf Jesus, steigt aus dem schützenden Boot, geht Schritt für Schritt Jesus entgegen. Doch dann hört er wieder nur den Sturm, sieht nur die hohen Wellen. Er erschrickt vor der dunklen Tiefe unter sich. »Das schaffe ich nie!«, denkt er und sinkt. Er schreit: »Jesus, hilf mir doch!« Da ist Jesus bei ihm, reicht ihm die Hand, lässt ihn nicht untergehen. »Du kannst dich auf mich verlassen, vertraue mir«, sagt Jesus, »warum zweifelst du?«

Sie steigen ins Boot und der Sturm hört auf. So kommen sie ans Land. Auch dort drängen bald von überall her Kranke zu Jesus, und die ihn anrühren, die werden geheilt.

Petrus und Jesus sagen einander, wer sie sind

Jesus und Petrus sagten einander, wie sie sich fanden. Mehr noch: Einer sagte dem anderen, was er in ihm sah. Und so halfen die Freunde sich gegenseitig, das auch wirklich zu sein. Und das kam so:

Jesus hatte sich mit seiner Vorliebe für Kranke und Unbeliebte nicht nur Freunde geschaffen, auch Feinde. Die Religionsführer ließen ihn bespitzeln und machten ihn schlecht. Jesus wurde unsicher: War es wirklich das ersehnte Gottesreich, das durch ihn anbrach? Wer war er denn nun wirklich?

Jesus fragte seine Freunde. Erst noch vorsichtig: »Was sagen denn die Leute von mir? Was hört ihr über mich?« – »Sie halten dich für einen Gottesmann, für den wiedergekommenen Propheten Elia, auch für Jeremia oder für Johannes«, sagten die Freunde. Damit waren Männer gemeint, die mit wunderbarer Überzeugungskraft Recht und Unrecht beim Namen nannten und Neues ansagten. – »Und ihr?«, fragte Jesus plötzlich direkt, »was haltet ihr von mir?« –

Die Freunde schwiegen. Einigen war diese direkte Frage peinlich. Sie wussten nicht, was sie sagen sollten. Nur Simon ahnte, warum Jesus so fragte. Er merkte, dass Jesus jetzt einen Freund brauchte, der an ihn glaubt. »Nicht nur einer der Propheten«, sagte er und schaute Jesus offen an: »Du bist der erwartete Gottesmensch, der Sohn des Lebendigen. Du bist Christus.«

Jesus sagte zu Simon: »Das hast du dir nicht ausgedacht, Simon. Es ist mir, als ob Gott aus dir spricht. Danke, ich will das nicht vergessen. – Und nun will ich dir auch sagen, wer du für mich bist: Petrus bist du, der starke Fels, auf den ich mich verlasse. Als Erster hast du ausgesprochen, wer ich bin. Auf dieses Fundament von Glauben will ich meine Kirche bauen, und die Sturzflut des Todes wird sie nicht wegreißen. (Dir werde ich die Schlüssel zum Gottesreich geben. Du sollst sagen, was darin gilt und was nicht. So soll das dann auch gelten bei Gott.)« –

So wurde Simon, der Fischer und Freund von Jesus, dann auch Petrus genannt. Das ist ein griechischer Name. Oder auch Kephas. Das ist hebräisch oder aramäisch, die Sprache von Jesus und seinen ersten Freunden. Beides bedeutet Fels.

Jesus weist seinen Freund Petrus als Satan zurück

Petrus hatte in seinem Freund Jesus den Christus Gottes erkannt und Jesus in Petrus den standhaften Fels.

Aber gleich darauf stieß Jesus seinen Freund Petrus schroff zurück. Das war, als Jesus zum ersten Mal seinen Freunden etwas darüber sagte, welchen Weg er vor sich sah: »Ich muss hier weggehen, muss nach Jerusalem, das ist mir jetzt klar. Da sind unsere Religionsführer, die gegen mich sind. Ihr könnt euch denken, was die mit mir machen werden, wenn ich zu ihnen nach Jerusalem komme. Sie haben das Volk in der Hand. Ich werde da viel auszustehen haben. Sie werden mir nichts glauben, werden mich verstoßen, werden mich foltern und schließlich töten. Aber ich muss das alles auf mich nehmen – und nach drei Tagen auferstehen.«

Da nahm Petrus ihn beiseite und redete auf ihn ein: »Hör mal, Jesus. Wenn du das alles schon so genau weißt, wie das ausgehen wird, dann wärst du doch wohl nicht mehr zu retten, wenn du trotzdem nach Jerusalem gingest. Das muss ja auch nicht unbedingt sein. Wir können doch gut hier in Galiläa bleiben, wo wir mehr Freunde haben. Da passiert dir schon nichts, glaub's mir!«

Petrus hatte Angst um Jesus, hatte vielleicht auch nur Angst um sich selbst. Er machte Jesus Vorwürfe: »Du glaubst doch wohl selbst nicht, dass du dem Gottesreich dadurch nützt, dass du dich so in Gefahr begibst und da zu Tode kommst. Du weißt doch selbst, wie wenig wir Freunde bisher davon verstanden haben. Wie soll das mit dem Gottesreich weitergehen, wenn du nicht mehr da bist? Das wird Gott schon zu verhindern wissen. Sei doch vernünftig, Jesus!«

Jesus hörte da Gedanken, die ihm schon selbst gekommen waren. Jetzt, wo Petrus das so aussprach, war ihm ganz klar: Nein, das nicht! Erregt drehte er sich zu den anderen Freunden um, kehrte Petrus den Rücken zu. – »Geh weg, Satan!«, stieß er heraus. »Du willst mich nur fangen, willst mich dazu verführen, einer zu sein, der ich nicht bin. Der ich nicht sein will, nicht sein kann. Vernünftig willst du sein und hast doch nur dein bisschen Menschenleben im Sinn, nicht den Weg Gottes, den ich gehen muss.«

Das war sehr hart für Petrus.

(Zu seinen Freunden sagte Jesus dann noch: »Wer mit mir gehen will, muss mit seinem bisherigen Leben abschließen, muss sein Kreuz auf sich nehmen und mir folgen. Wer sein Leben immer retten will, wird sich selbst dabei verlieren. Und wer sein Leben um meinetwillen drangibt, der wird sich selbst dabei finden. Denn was nützt es einem Menschen, wenn er die ganze Welt gewinnt, sich selbst aber dabei verliert?«)

Wie Petrus an seiner Treue zu Jesus zerbricht

Jesus war nach Jerusalem gegangen. Seine Freunde mit ihm. Und dann war es so weit. Dann wurde die Freundschaft auf eine harte Probe gestellt. Und das war so: Am Abend des Passafestes saßen sie zusammen, Jesus und seine zwölf besten Freunde. Auch Judas feierte mit, obwohl Jesus schon wusste, was der vorhatte. Sie feierten das erste Abendmahl.

Nachher auf dem Weg zum Ölberg sagte Jesus: »Heute Nacht werde ich euch enttäuschen. Ihr werdet an mir zweifeln und mich verlassen, ihr alle.« Petrus widersprach: »Dich im Stich lassen? Die anderen vielleicht. Ich nicht, Jesus. Niemals!« – Jesus sah ihn an: »Und ich sage dir, Petrus: Noch bevor morgen ein Hahn kräht, wirst du dreimal so tun, als kenntest du mich nicht.« – Petrus wollte das nicht auf sich sitzen lassen. »Verleugnen? Ich dich? Nein. Niemals! Und wenn ich sterben müsste mit dir!« – Auch die anderen Freunde beteuerten das. Sie wollten Jesus die Treue halten.

Nachts im Park von Gethsemane wollte Jesus allein beten, seine Freunde sollten auf ihn warten. Als er wieder zu ihnen kam, waren sie eingeschlafen, auch Petrus. So ging das dreimal. Jesus war enttäuscht: »Könnt ihr, meine Freunde, nicht wenigstens in dieser schweren Nacht mit mir wach bleiben?« –

Und dann kamen sie schon, die ihn verhaften sollten. Judas zeigte den Polizisten durch einen verabredeten Kuss, wer Jesus war. Da nahmen sie Jesus fest. Einer der Freunde hat im Dunkeln sein Schwert rausgezogen und auf die Polizisten losgeschlagen. Johannes meint, das sei Petrus gewesen. Jesus wollte das nicht: »Gewalt bringt neue Gewalt hervor, und das hilft nicht weiter.« – Da ließen ihn alle seine Freunde im Stich und flohen.

Petrus schlich dann doch hinterher. Er wollte sehen, was mit Jesus geschieht. Der wurde zum Verhör in den Palast des Hohenpriesters gebracht. Im Hof brannte ein Feuer, da saßen die Bediensteten und wärmten sich. Petrus setzte sich dazu. Das Verhör dauerte die ganze Nacht durch. Jesus wurde zum Tode verurteilt und geschlagen.

Eine Frau aus der Küche kam in den Hof, sah Petrus am Feuer sitzen, ging zu ihm und sagte: »Du bist doch auch einer von denen, die mit dem Jesus aus Galiläa gingen!« – Petrus stritt das ab. So, dass alle es hören konnten, sagte er: »Ich weiß nicht, was du meinst. Du musst mich wohl verwechseln.« – Unauffällig schlich er dann zum Tor. Eine andere Frau, die im Palast arbeitete, sah ihn dort. Sie sagte zu denen, die bei ihr standen: »Der Mann kommt mir irgendwie bekannt vor. Das ist doch einer von denen, die mit dem Jesus aus Nazareth gegangen sind!« – Wieder stritt Petrus das ab. Er schwor sogar: »Ich kenne diesen Mann überhaupt nicht. Ehrenwort, Leute!« –

Die herumstanden, kamen nun auf Petrus zu: »Ist doch klar, dass du einer von denen bist, Mann! Deine Aussprache verrät dich. Du bist aus Galiläa, wo die auch her sind!« – Petrus fluchte fürchterlich und schwor feierlich ab, den Mann überhaupt zu kennen. Da ließen sie ihn gehen. Und bald darauf krähte ein

Hahn. Petrus erschrak. »Bevor morgens ein Hahn kräht, wirst du mich dreimal verleugnet haben«, – das hatte Jesus noch am Abend zu ihm gesagt. Petrus ging davon. Er war verzweifelt über sich selbst und weinte bitterlich.

(Jesus wurde am Morgen dem römischen Gouverneur Pontius Pilatus vorgeführt, dann ausgepeitscht, verspottet, geschlagen und auf der Richtstätte Golgatha vor der Stadt gekreuzigt. Von seinen Freunden waren nur noch einige Frauen aus Galiläa da. Sie beobachteten von weitem, was geschah.

Als Jesus tot war, nahm man den Leichnam vom Kreuz ab und legte ihn in eine Grabhöhle. Nach dem Feiertag kamen die Frauen, um den Leichnam zu balsamieren. Sie fanden das Grab leer. Ein Engel soll ihnen gesagt haben, dass Jesus auferstanden sei und den Freunden in Galiläa erscheinen werde. Die Frauen waren sehr verwirrt.)

Wie Jesus die gestorbene Freundschaft mit Petrus aufweckt

Petrus war nach Galiläa zurückgegangen. Ihn hatte nichts mehr in der großen Stadt Jerusalem gehalten. Voll Hoffnung auf das Gottesreich waren sie dort mit Jesus eingezogen, hatten im Abendmahl die neue Gemeinschaft gefeiert. Aber dann erlebte er sein eigenes Versagen, die Verleugnung des gefangenen Freundes. Und dann den schrecklichen Tod von Jesus am Kreuz. Es hatte ihn weggetrieben aus dieser Stadt, weg von all den unverständigen Menschen, zurück an den stillen See mit den Fischen. Hier hatte er einst Jesus kennen gelernt. Von hier waren sie aufgebrochen, Menschen zu gewinnen für das Gottesreich. »Menschenfischer« hatte Jesus zu ihm gesagt – und »Fels«. Damals. Aber jetzt war alles aus. Jesus war tot. – Stundenlang starrte Petrus vor sich hin, schüttelte immer wieder den Kopf. Den Freunden ging es nicht besser, Johannes, Jakobus, Andreas und den anderen. Sie kamen einfach nicht hinweg über das mit Jesus.

Dann, an einem Abend, stand Petrus plötzlich auf: »Ich geh' wieder fischen. Kommt ihr mit?« – Sie machten das Boot und die Netze klar, fuhren hinaus wie früher. Die ganze Nacht mühten sie sich, mal hier, mal da. Nichts. Das Netz blieb leer. Im Morgengrauen ließen sie das Boot nah am Ufer hintreiben. Niemand sagte etwas. –

Dann stand ein Mann am Land, rief herüber: »Habt ihr was zu essen, Freunde, ein paar Fische zum Brot dazu?« – Missmutig riefen sie vom Boot: »Nein. Nichts gefangen. Alles leer.« Sie zeigten auf die Netze. – »Werft nochmals aus, dort rechts vom Boot, ihr werdet schon sehen!« – Petrus wusste selbst nicht, warum er das Zeichen gab. Sie machten das große Netz bereit, warfen, zogen vorsichtig und merkten schon, wie das Garn sich spannte. Kein Zweifel: Das Netz war voll, unglaublich viele Fische! Sie bekamen das Netz nicht an Bord, es wäre gerissen. Sie mussten es abschleppen, mit dem Boot zum Land. – Wer war der Mann dort? – Johannes flüsterte den Namen: »Jesus« –

Petrus streifte sein Hemd wieder über, sprang aus dem Boot, schwamm voraus.

Als die anderen mit dem Boot nachgekommen waren, sahen sie die Feuerstelle mit den glühenden Kohlen, sahen das Brot hingelegt. »Legt von euren Fischen dazu!«, sagte er. Petrus zog das Netz ans Ufer, prall gefüllt mit großen Fischen. Und doch riss es nicht, hielt sie alle zusammen.

Dann setzten sie sich, hielten alle miteinander das Mahl. Es war wie an dem Abend in Jerusalem. Er teilte mit ihnen das Brot, die Fische. Keiner wagte ihn zu fragen, alle wussten: Es ist Jesus – wenn auch anders. So dicht war Gottes Reich.

Nach dem Mahl hörte Petrus dann die Frage: »Bist du wirklich mein bester Freund, Petrus?« – »Du weißt, Jesus, dass ich dein Freund bin.« – »Sorge für die, die zu mir halten, Petrus, wie ein Hirte für die Schafe!« –

Und wieder: »Petrus, bist du wirklich mein Freund?« – »Du weißt, dass ich dein Freund bin, Jesus.« – »Leite sie, die zu mir halten, Petrus, wie ein Hirte die Herde!« –

Und dann zum dritten Mal: »Petrus, bist du wirklich mein Freund?« – Petrus war traurig, dass er zum dritten Mal gefragt wurde. Da fiel es ihm ein: Dreimal hatte er ja auch in Jerusalem abgestritten, der Freund von Jesus zu sein. Leise sagte er: »Du weißt, wie es war. Du weißt, dass ich dein Freund bin, Jesus.« – »Leite sie, die zu mir halten, Petrus, wie ein erfahrener Hirte!«

So hat Jesus die zerbrochene Freundschaft mit Petrus wieder zum Leben erweckt.

Was später mit Petrus passierte

Wenig später war Petrus wieder in Jerusalem. Die anderen Freunde und Freundinnen von Jesus auch. Sie saßen viel zusammen und redeten über alles, was geschehen war.

Beim Pfingstfest kam plötzlich eine große Begeisterung über sie. Sie hatten keine Angst mehr, traten öffentlich auf, erzählten von Jesus und was er ihnen bedeutete. Sie heilten Leidende und teilten mit den Armen. Von einigen Leuten wurden sie ausgelacht und für verrückt erklärt. Viele andere schlossen sich ihnen an, auch aus anderen Ländern, und wurden Freunde von Jesus, wurden Christen.

Petrus war der Leiter der Gemeinde. Wenn er die vielen Menschen sah, die dort zusammenkamen, dann dachte er oft an das Netz voller Fische, das nicht riss, sondern sie alle zusammenhielt. Mutig bekannten sie sich zu Jesus, auch wenn sie verfolgt und einige von ihnen gefangen gesetzt, gefoltert und getötet wurden. Sie zogen in andere Länder und gewannen auch dort neue Freunde, die sich zu Gemeinden zusammen schlossen. Petrus ging unerschrocken durch Drohungen und Gefahren, er hatte Jesus vor Augen. Und wenn er doch unsicher wurde, in Angst und Zweifel sank, spürte er wie damals auf dem See, dass das Vertrauen zu Jesus ihn hielt und nicht ganz versinken ließ.

Schließlich kam Petrus in die Weltstadt Rom. Auch dort wurden die Christen verfolgt. Petrus, weil er auch im Gefängnis treu bei seinem Glauben und Bekenntnis zu Jesus blieb, wurde wie dieser gekreuzigt. Über seinem Grab ließen später die Päpste, die sich seine Nachfolger nennen, die riesige Peterskirche bauen, bis heute Treffpunkt vieler Christen aus aller Welt.

Das Loch im Dach (Markus 2)

Der hohe Feigenbaum im Hof der Töpferei schwankt nur leicht, als Daniel herabgleitet. Schon sieht man seine nackten Beine vom untersten Ast herabhängen, dann die ganze Jungengestalt. Er hängt jetzt an den Händen, schwingt ein paar Mal hin und zurück und landet dann gut abfedernd auf dem flachen großen Quaderstein neben dem Brennofen.

Nathan, der dort träumend saß, springt erschreckt auf, stolpert. Beinahe wäre er gestürzt. »Hoppla, großer Bruder!« – Daniel wirft ihm eine der Feigen zu. Auch darauf ist der Ältere nicht gefasst. Er muss sich nach der Feige bücken, wischt den Staub am Ärmel ab. »Wer die Feige nicht pflückt, sich im Staub nach ihr bückt«, stichelt der Jüngere im Gefühl der Überlegenheit, steckt eine frische Feige in den Mund und verdreht genießerisch die schwarzen Augen. Daniel ist gerade vierzehn, Nathan schon achtzehn. In ein paar Jahren soll der Ältere die Töpferei übernehmen. Vater Samuel kriegt den Rücken nicht mehr gerade, die gichtigen Hände wollen auch nicht mehr richtig. Er ist müde und möchte sich zur Ruhe setzen.

Auch in der Töpferei ist Daniel der Geschicktere. Seine Krüge und Töpfe haben schöne Formen und Muster. Sie lassen sich besser verkaufen als die einfachen Gefäße des Bruders. »Wenn ihr mich nicht hättet ...«, prahlt Daniel, wenn sie wieder ein gutes Geschäft gemacht haben. Er weiß genau, dass der Vater das nicht mag. »Hochmut kommt vor dem Fall«, murmelt der alte Samuel und sieht seinem Jüngsten sorgenvoll nach.

Wie aus Versehen stößt Daniel mal wieder an das Regal mit der fertigen Ware. Ein ganzes Brett mit Töpfen fällt herunter, Töpfe, die Nathan gemacht hat. »Tut mir ja soo Leid um die schönen Dinger«, flötet er und schmeißt die Scherben auf den Abfallhaufen. Als er an Nathans Töpferscheibe vorbei kommt, flüstert er: »Das wären wir doch nie losgeworden, dein plum-

pes Zeug.« Geschmeidig weicht er dem Hieb des Bruders aus. –
Ständig bohrt in Daniel die Frage, warum er nicht der Ältere ist: »Wenn Vater mal aufhört und ich mit Nathan allein in der
Werkstatt bin, und der ist dann Chef – das halte ich nicht aus.
Ich muss weg! – Aber wohin? Bei jedem anderen Chef wird es
mir genauso gehen! Und bis ich das Geld für eine eigene Töpferei zusammen habe, bin ich so alt und kaputt wie Vater jetzt.« –
Auch die Mutter macht sich Sorgen um ihre Söhne: »Nathan
ist zu langsam und unbeholfen für das Geschäft. Aber er ist nun
mal der Ältere. Und Daniel?« – Sie seufzt schwer. »Er liegt im
Streit mit dem Allmächtigen, der doch alles gibt. Der Kleine
möchte immer besser sein als andere und hat kaum richtige
Freunde. Da liegt kein Segen drauf.« – Sie betet, dass kein Unheil über die Familie kommt. –

Wieder einmal sind genügend Gefäße fertig, um den Brennofen anzuheizen. Sie planen das so, dass die größte Hitze erreicht
wird, wenn es Nacht ist und kühl. Trotzdem ist es in der Nähe
des Ofens kaum auszuhalten. Aber sie müssen schließlich ja aufpassen und immer wieder nachlegen. Heute Nacht ist Daniel
dran und Vater Samuel. Der will immer noch dabei sein. Der
Schaden einer ganzen Ofenfüllung wäre schwer zu verkraften.
»Ich geh mich mal ein bisschen abkühlen«, sagt Daniel. – »Zieh
dir was über, Junge«, ruft der Vater ihm nach. »Denk an Zacharias, den Gelähmten!« – »Ach was«, winkt Daniel ab, »den Augenblick!« –

Als er nach fast einer Stunde wiederkommt, immer noch mit
bloßem Oberkörper, zittert er vor Kälte. Er hat den Joschi von
der Stadtwache getroffen; mit dem versteht er sich gut. Sie haben wieder über die Träume von einer neuen Zeit geredet. Der
Joschi ist da in einer Gruppe. Und so hat Daniel die Zeit vergessen. – Am nächsten Tag liegt er krank, quält sich mit Fie-
berfantasien, stöhnt. Vierzehn Tage später sitzt er wieder an der
Töpferscheibe. Wochen vergehen. Da spürt er Schmerzen im
linken Fußgelenk. Er hinkt etwas. Vater Samuel murmelt wieder den Namen Zacharias.

Bald kann Daniel wieder klettern, laufen, springen, um die Wette mit den Freunden. Aber die Schmerzen kommen wieder, mal im Knie, in der Hüfte, in den Händen. Er will sich nichts anmerken lassen. Und wieder muss er wochenlang liegen. Dann ist es wieder weg, jahrelang. Daniel denkt kaum noch daran. –

Bis das mit Nathan passiert: Der ist mit ein paar Leuten in den Bergwald. Sie brauchen Heizmaterial für den Brennofen. Auf einer rohen Trage bringen sie ihn zurück. Das Tuch, mit dem sie ihn zugedeckt haben, ist am Kopfende blutig. Vom stürzenden Baum ist ein Ast abgesplittert, hat ihn am Kopf getroffen. Er war sofort tot. –

Vater Samuels Hände hören nicht mehr auf zu zittern, seit Nathan tot ist. Daniel müsste jetzt die Arbeit allein machen in der Werkstatt, im kleinen Weinberg, auch den Verkauf auf den Märkten. Aber die Schmerzen in den Gelenken kommen wieder häufiger. Wenn er für Tage aufsteht und sich in die Werkstatt schleppt, dann steht ihm der Schmerz im Gesicht. Er verbeißt ihn. Sie brauchen die Kundschaft. Wovon sollen sie sonst leben? So muss der alte Samuel weitermachen.

Daniel liegt nun ganz fest. Jede kleinste Bewegung schmerzt. Nachts ist es am schlimmsten, wenn er nicht schlafen kann. Immer wieder fällt ihm ein, was einer von denen sagte, die mit Nathan im Wald waren: »Wir sind alle weggesprungen, hinter andere Bäume. Aber der Nathan ist zu langsam gewesen, ist gestolpert. Und da hat es ihn erwischt.«

Mit dieser Langsamkeit hatte er, Daniel, den Bruder doch dauernd aufgezogen. Das muss ihn noch unsicherer, noch ungeschickter gemacht haben. »Bin ich, Daniel, nicht Schuld am Tod des Bruders«, durchfährt es ihn, »oder mindestens mitschuld? Habe ich ihn nicht weggewünscht, den Älteren und Erben der Werkstatt?« –Daniel schreit auf vor Schmerz. –

Als die erschrockene Mutter kommt und ihm über das nasse Haar streicht, tut er, als schlafe er. Den Eltern wäre die Altersruhe längst zu gönnen. Nun quälen sie sich weiter ab in Werkstatt, Feld und Weinberg, in Haus und Krankenzimmer. »Auch daran bin ich Schuld«, seufzt Daniel. – »Hochmut kommt vor dem Fall«, hatte der Vater immer wieder gesagt. »O Gott im Himmel, erbarm dich doch und vergib mir!« – Daniel weint. Er findet keine Ruhe. Immer wieder quälen ihn die gleichen Gedanken, lähmen ihn Tag und Nacht, Nacht und Tag. Er weiß nicht, was schlimmer ist, die Schmerzen im Körper oder die Vorwürfe in der Seele. Oft wünscht er sich, er wäre tot wie Nathan. Und das macht ihn schweigsam, bitter, mürrisch.

Seine Freunde, mit denen er früher um die Wette geklettert, gelaufen und gesprungen ist, kommen seltener, dann gar nicht mehr. Sie können mit einem Gelähmten nichts anfangen. Über Gedanken und Gefühle, die ihn so quälen, kann er mit denen nicht reden, mit denen nicht. Höchstens mit Joschi, dem städtischen Wachmann. Der kommt jetzt häufiger. Und mit Mirjam, der Freundin Nathans. Sie schaut immer mal herein, räumt auf, stellt Essen hin, auch mal einen blühenden Zweig, auch mal frische Feigen. Manchmal sitzt sie dann auch eine Weile still in Daniels Zimmer. Seine eigene Freundin, die hübsche Rahel, soll ja längst mit einem anderen gehen. Die hat sich lange nicht mehr blicken lassen. Und an Mirjam hat er früher überhaupt nichts gefunden. Warum kommt sie bloß?

Einmal, als sie Granatäpfel bringt, ihn freundlich begrüßt, da bricht es aus ihm heraus: »Du denkst das doch auch! Gib es nur zu!« – »Ich helfe deiner Mutter, Daniel«, sagt sie leise, »der geht es auch nicht so gut. Wir sind doch Nachbarn, und – ich habe mich schon so an euch gewöhnt. – Aber was meinst du denn? Was soll ich denken?« – »Dass ich schuld bin an dem allen«, fährt es aus Daniel heraus, »an dem mit Nathan und so.«

Mirjam weicht erschrocken zurück. Sie weiß, dass die Leute so denken, so darüber reden. »Geschieht ihm ganz recht«, sagen sie. Mirjam sieht Daniel schweigend an. Dass Daniel selbst so denkt, das hat sie nicht vermutet. Er war doch früher immer so selbstbewusst. Mirjam versucht, ihm seine dunklen Gedanken auszureden, merkt aber bald, dass ihre Worte nicht ankommen, dass sie keine Kraft haben. Denkt sie denn wirklich auch, dass er an allem schuld ist? Verwirrt verlässt sie das Haus.

Mirjam redet mit Joschi: »Sollen wir den Rabbi verständigen?« –

»Mit dem habe ich doch schon gesprochen. Der war auch schon mal bei Daniel.« – »Und?« – »Daniel nimmt die Vergebungsworte aus den alten heiligen Schriften nicht an. ‚Das gilt nicht so einem wie mir‘, hat er gesagt und sich zur Wand gedreht. Da ist der Rabbi wieder gegangen. ‚Der Daniel müsste am Versöhnungstage zum großen Opferfest in den Tempel nach Jerusalem‘, hat der Rabbi dann gemeint. Aber das ist unmöglich. Die Reise durchs Gebirge dauert fast eine Woche.« – »Ja, das ist schon für Gesunde eine Strapaze. Das übersteht Daniel nicht.« – »Du hast Recht, das geht nicht.« –

So ziehen sich die Wochen und Monate dahin. Das Elend Daniels ist nicht mit anzusehen. Wie eine dunkle Wolke liegt es über dem Haus des Töpfers. Die Leute gehen scheu vorüber, als ob Unglück ansteckend sei. –

Eines Tages bringt Joschi einen Bekannten mit, den Levi. Er kennt ihn dienstlich, weil er hin und wieder dessen Steuerbüro bewachen muss. Als Daniel hört, dass Levi ein Steuereintreiber ist, wird er wütend: »Hier ist nichts mehr zu holen für so stinkige Ratten wie euch!«, stößt er heraus, spitz wie früher. Er dreht sich zur Seite, stöhnt vor Schmerz wegen der heftigen Bewegung. Joschi setzt sich zu ihm: »Levi ist mitgekommen, weil ich ihn gebeten habe, Daniel, deinetwegen.« – Daniel überlegt: »Wer bin ich denn, dass ich mich über einen Steuereintreiber aufrege? Bin ich etwa besser?« – »Entschuldige bitte. Das ist mir so herausgefahren«, murmelt er, »tut mir Leid.« – »Schon gut, Daniel.«

Levi erzählt nun von Jesus, den er schon mehrmals gesehen und gehört hat. Er erzählt, wie Jesus mit den Leuten redet, die zu ihm kommen. Wie er jedem Einzelnen aufhilft, ihm neue Hoffnung gibt. Levi sagt auch, dass er seinen Beruf aufgeben möchte, obwohl er ganz gut an der Steuer verdient. »Aber allein schaffe ich das nicht gegen alle die Leute, die uns Steuereintreiber so verachten. Wenn aber Jesus ...«, er bricht ab, wischt sich die Augen. – »Muss ein eigenartiger Mann sein, dieser Jesus«, Daniel ist merkwürdig angerührt. Joschi schlägt Daniel vor, ihn morgen in das Haus zu bringen, wo Jesus sein soll. Daniel schweigt, wehrt nicht ab. Dann: »Wie soll ich denn in meinem Zustand da hinkommen? Das ist doch fast am anderen Ende der Stadt.« – »Das lass nur unsere Sorge sein, Daniel. Wir kommen morgen früh vorbei!«, sagt Joschi. Sie verabschieden sich und gehen.

Die ganze Nacht muss Daniel daran denken, was Levi über Jesus erzählt hat: dass er so große Ruhe ausstrahlt, einem offenbar hilft, bei sich selbst ganz in die Tiefe zu kommen, da, wo es wehtut, da, wo Heilung wachsen kann. Hat Levi nicht gesagt: Die Menschen haben bei Jesus das Gefühl, dass Gott ganz nahe ist wie ein liebevoller Vater? – »Liebevoll ist mein Vater, der alte Samuel, eigentlich selten zu mir gewesen«, denkt Daniel. »Vielleicht ist es das, was mir gefehlt hat. War ich darum so hochmütig?« –

Sie kommen früh. Da ist es noch nicht so heiß. Joschi und Levi und noch zwei Männer, offenbar Freunde aus der Gruppe, in der Joschi ist. Mirjam ist auch da. Sie haben eine Trage mit und Seilzeug. »Auf alle Fälle«, meint Joschi. Behutsam heben sie Daniel auf die Trage mitsamt seiner Matte. Vorsichtig gehen sie durch die Stadt, achten auf den Weg mitten durch neugierige oder mitleidige Blicke, vorbei an abweisenden Gesichtern, bösen Bemerkungen: »Erspart uns diesen Anblick!«

Daniel hält die Auge geschlossen. Er hat mit seinen Schmerzen zu tun, besonders wenn sie ihn absetzen, um die Seiten beim Tragen zu wechseln. Er versucht sich auf Jesus einzustellen.

Dann sehen sie die große Menge vor dem Haus. Sie ahnen, dass die Leute sie nicht durchlassen werden. Mirjam hat eine Idee: Über die Außentreppe auf die Dachterrasse steigen! Ihre Tante wohnt auch in solchem Haus. Mit Daniel da hinauf zu kommen ist eine fürchterliche Quälerei. Sein bleiches Gesicht ist schweißnass und schmerzverzerrt. Er will aufgeben. Aber Joschi und Levi bleiben dabei: Wenn Daniel bei Jesus ist, dann wird alles gut! –

Als sie dann ratlos auf der Dachterrasse stehen, hat Joschi einen Einfall. Er bückt sich, horcht, wo unter ihnen geredet wird. Und dann kratzen sie den Lehm weg mit den Händen und einem großen Nagel, der da rumliegt. So machen sie die Bretter frei, die auf den Deckenbalken liegen, nehmen die Bretter vorsichtig weg, Stück für Stück. Es lässt sich nicht ganz vermeiden, dass Lehm und Staub hinunterfallen. »Was die wohl da unten denken mögen?« – Nun ist die Öffnung groß genug. Die Freunde ziehen die Seile unter die Matte und lassen Daniel langsam hinunter, genau Jesus vor die Füße. Als sich der Staub etwas verzogen hat, schaut Jesus nach oben, sieht im Loch in der Decke die hoffnungsvoll gespannten Gesichter von Joschi, Mirjam und Levi. Er schaut Daniel an, sein vom Schmerz gezeichnetes Gesicht. Er spürt die Last, die ihn drückt. Daniel erlebt, wie dieser Mann sich herabbeugt und sich zu ihm auf die Matte setzt. Jetzt ist sein Gesicht ganz nahe. Er strahlt Ruhe aus. Ein Gesicht, dem man alles sagen kann. – »Du machst dir schwere Vorwürfe.« – »Ja, mein Bruder ist tot, und meine Eltern müssen sich in ihrem Alter immer noch quälen, weil ich, Daniel, ... weil ich ...«–»Weil du dir selbst nichts Gutes mehr zutraust, keinen einzigen Schritt mehr?« – »Woher weißt du das?« – »Deine Freunde da oben trauen uns viel zu, Daniel, mir und auch dir. Nimm das Wort, das ich dir jetzt sagen werde, ganz tief in dich auf. Es hat große Kraft. Es wird dein Leben verwandeln.« – Jesus sagt nun laut zu ihm: »Deine Sünden sind dir vergeben.«

Da ist es Daniel, als fielen diese Worte tief in ihn hinein wie Lichtstrahlen in einen Brunnen. Er liegt ganz entspannt, wie befreit. Er spürt die erlösende Kraft der Worte in seiner Seele, in seinem Körper. – Jesus richtet sich wieder auf. Er schaut die Gesetzeslehrer an, die gekommen sind, um sich ein Bild von ihm zu machen. Sie haben sich zu ihm vorgedrängt. Die Leute haben ihnen respektvoll Platz gemacht. Sogar Stühle wurden ihnen hingestellt. Jesus spürt den Abstand, den sie halten, spürt den Sockel, von dem aus sie beobachten und beurteilen. Ihre Mienen und Blicke reden: »Das darf man doch nicht so einfach sagen. Das ist doch Gottes Sache, das Vergeben. Daran darf sich kein Mensch vergreifen.« – Sie haben Sorge, Gott könnte zu klein werden, könnte sich verlieren im Menschlichen.

Jesus spürt die Sorge dieser gelehrten Männer, ihre Angst auch davor, so nahe zu kommen, wie er Daniel nahe gekommen ist. Aber Jesus gibt auch sie nicht auf. Er achtet den Ernst, mit dem diese Männer sich um Gott bemühen. So geht er einige Schritte auf sie zu, spricht sie direkt an: »Eure Gesichter, eure Haltung verraten, was ihr denkt. Ihr wollt Gott in seinem heiligen Himmel hochhalten und haltet ihn fern von den Menschen. Spürt ihr denn nicht, dass er jetzt ganz nahe ist in dem, was hier unter uns geschieht? – Und wenn ihr es schon nicht spürt, dann sollt ihr es doch sehen, dass der Mensch dem Menschen helfen kann, wie nur Gott hilft.«

Jesus schaut wieder auf Daniel und hält ihm seine Hände hin. Daniel merkt es, öffnet die Augen, begreift, bevor Jesus es sagt: »Daniel, steh auf! Du kannst es. Nimm deine Matte und geh nach Hause. Du wirst dort gebraucht. Hab Vertrauen!« –

Später hat Daniel das immer wieder erzählt. Er sei wie im Traum gewesen, habe nur Jesus gesehen. Der habe ihn aufgerichtet und die ersten Schritte geleitet. Da habe er ganz sicher gewusst, dass er selbst weitergehen könne. »Ich bückte mich, wickelte die Matte zusammen, nahm sie auf. Ich sah Jesus noch einmal an und ging, etwas schwankend noch, aber Schritt auf Schritt. Die Leute machten Platz, sahen mir staunend nach.

Joschi, Mirjam und Levi warteten draußen auf mich. Die anderen Freunde machten noch das Loch auf dem Dach zu. ›Sollen wir dich stützen, Daniel?‹ haben sie gefragt. Ich sagte, dass es nun nicht mehr nötig sei. Die Freunde hätten es doch lange genug getan. Aber wenn sie mich nun noch weiter in das neu geschenkte Leben begleiten würden, das wäre schön!«

Die Frage nach dem Glück (Markus 10)

Tobias ist fünfzehn. Er wohnt in einem Dorf im Jordanland. Sein Vater ist Korbmacher. Tobias trägt die Körbe in die Stadt auf den Markt. Der Verkauf läuft jetzt gut kurz vor der Ernte. Tobias ist auf dem Weg in die Stadt. Er hat neue Körbe geholt, ist damit so beladen, dass man nur seine Beine sehen kann. Als er die Stadt erreicht hat, findet er sich zurecht, ohne viel sehen zu müssen. Aber heute stößt er dauernd Leute an, trotz aller Vorsicht. Er kommt nicht mehr weiter, so viele Menschen füllen den kleinen Platz. Soll er zurück, einen Umweg durch die Gassen suchen? Auch das geht nicht mehr, zu viele drängen in der engen Gasse nach. Er muss die Körbe absetzen. Was gibt es denn hier? Tobias reckt sich. Aber er kann nichts erkennen in dem Gewimmel. Da, die Mauer! Er drängelt sich durch, schleift die Körbe hinter sich her, schwingt sich hoch. So kann er den Platz gut überblicken. Es muss um die Gruppe junger Männer gehen, dort vor dem großen Tor. Er kennt sie nicht. »Er ist vom großen See herübergekommen«, hört er eine Frau sagen. Das muss der sein, zu dem alle hindrängen. Aber was wollen sie von ihm? Er hat nichts, was er zum Kauf anbietet, macht keine Kunststücke, keine Musik. Er ist einfach da für die, die zu ihm wollen. Seine Freunde versuchen das zu regeln, mitten im Gedränge. –

Jemand kitzelt Tobias am Fuß. Erschrocken zieht er ihn hoch. Es ist Anne, deren Mutter beim Kaufmann Gamaliel arbeitet. Sie schiebt seine Körbe an die Mauer und begrüßt ihn lachend. Er hilft ihr auf die Mauer. »Weißt du, wer das ist? Und was die Leute von ihm wollen?« – »Aber Tobi, hast du noch nichts von Jesus gehört, dem aus Galiläa?« – »Ach der ist das. Interessant!« – Da ruft jemand laut über den Platz, er will Jesus etwas fragen. Die Stimme kommt aus einer Gruppe streng aussehender Männer. »Pharisäer«, erklärt Anne. – »Weiß ich doch«, wehrt Tobias ab. – »Sie wollen ihn reinlegen«, flüstert Anne, »pass auf!« –

Die Leute machen Platz, und die strengen Männer gehen auf Jesus zu. Sie stellen Fragen. Anne und Tobias können nur das Wort »Ehescheidung« verstehen. Was Jesus davon hält, wollen die Pharisäer wohl wissen. Der denkt eine Weile nach, fragt zurück und antwortet dann ruhig mit wenigen Sätzen. Die Leute sind still und nachdenklich, alle, auch die Pharisäer. Was die wohl alle so über die Ehe denken mögen? Tobias merkt, wie erleichtert Anne ist. »Toll«, schwärmt sie, »wie er das gemacht hat. Der ist so anders. Der will nicht selbst Recht behalten, wenn es um Gott geht. Er gibt ihn an die anderen weiter, bringt ihn den Leuten so richtig nahe. Toll!« – Tobias wirft einen schnellen Blick auf Anne. Er spürt ihre Begeisterung und ist unsicher.

Inzwischen drängen sich andere zu Jesus vor. Sie haben kleine Kinder auf dem Arm, an der Hand. Die Männer um Jesus wollen sie nicht vorlassen: »Das ist doch hier nichts für Babys!«, schimpfen sie und drängen die Eltern zurück. Jesus gefällt das nicht. Er gibt den Freunden ein Zeichen, geht auf die Eltern zu. Die setzen ihre Kinder vor ihm ab. Er soll sie segnen. Jesus hockt sich zu den Kleinen nieder, lacht sie an, breitet die Hände aus. Ein ganz Kleines drückt ihm ein zermatschtes Stück Brot in die Hand. Jesus küsst das Brot und die kleine Hand, in die er das Brot zurückgibt. Das Kind will ihm den Brotbrei in den Mund stecken. Er isst etwas davon, verteilt den Rest vorsichtig den Kindern in den Mund. Dann breitet er lachend die Arme aus. Das Kleine drückt sich an ihn. Dann auch die anderen. Er schmust mit ihnen, küsst sie, lacht. Die Eltern sind glücklich. Dann steht Jesus auf, nimmt ein kleines Mädchen, hält es hoch über alle Köpfe um ihn herum und ruft laut über den Platz: »Wer sich nicht so von Gottes Güte umfangen lässt wie diese Kinder hier von mir, der wird Gott nicht erleben.« Er setzt das Kind wieder ab, beugt sich nieder, legt allen Kindern die Hände auf und sagt Segensworte.

Tobias ist merkwürdig verwirrt: »Wenn alle so zu fremden Kindern wären und jeder das erleben könnte wie diese Kinder, dann.« – »Dann wäre der Himmel Gottes nicht so weit weg, für keinen von uns«, ergänzt Anne. Ihre schwarzen Augen glänzen feucht. Vorsichtig legt Tobias seine Hand auf ihre. – Die Leute mit den Kindern sind inzwischen weggegangen.

Anne springt von der Mauer, zieht Tobias mit und will sich durch die Leute drängen: »Komm Tobi!« – »Warte doch, meine Körbe!« – »Richtig, aber damit kommen wir nicht durch!« Sie werfen den ganzen Packen hinter die Mauer. Anne flüstert: »Wenn du was erleben willst, musst du loslassen, was dich unbeweglich macht!« – »Sprüche hat die drauf wie meine Tante Marthe«, denkt Tobias und sagt: »Kluges Mädchen.« – Anne kommt noch mehr in Fahrt: »Eher kommt ein Kamel durch ein Nadelöhr als ein reicher Mensch in die Welt Gottes.« – »Komischer Spruch ist das«, knurrt Tobias. – »Hat Jesus so gesagt, behauptet meine Mutter.« – Tobias lacht auf: »Die paar Körbe machen keinen reich, jedenfalls uns nicht.« – »Klar, aber einer, der immer groß rauskommen will, der wird nie so etwas Tolles erleben wie die Kinder vorhin, oder?« – »Kann sein, wenn du das so nimmst«, stimmt Tobias nachdenklich zu.

»Los, komm!« – Sie drängeln sich weiter vor, merken, dass die Leute sich von da wegwenden, wo Jesus war. »Wo ist er denn geblieben? Heb mich mal hoch. Ja, sie gehen schon da in die Gasse. Danke. Komm weiter!« Sie versuchen hinterherzukommen.

Plötzlich stutzt Anne. »Was ist denn?« – Sie zeigt auf einen vornehm gekleideten jungen Mann vor ihnen: »Unser junger Herr.« – »Der Sohn vom Kaufmann Gamaliel?« – »Genau. Der hat es aber eilig, als ob er auch noch zu Jesus wollte.« – »Der und zu Jesus?« – »Warum nicht? Unser junger Herr ist sehr interessiert, hat Mama schon nach Jesus gefragt, denkt viel über den Sinn des Lebens nach.« – »Mag schon sein, denn vorhin stand er da auch auf dem Platz und hat alles genau beobachtet.«

Die Leute machen dem Kaufmannssohn Platz, grüßen respektvoll und freundlich. Anne und Tobias bleiben hinter ihm. So kommen sie gut voran.

Wo die Jerusalemer Straße aus der Stadt führt, fängt der junge Mann plötzlich an zu laufen, hinter Jesus und seinen Freunden her. »Was der wohl von Jesus will«, hören die beiden jemanden sagen, »dem geht's doch blendend. Er ist jung, gesund und gescheit. Hat längst genug zum Leben. Was will so einer da noch mehr? Seht doch mal, wie er rennt! Komisch.« –

Inzwischen hat der junge Mann Jesus eingeholt. Jesus bemerkt ihn und bleibt stehen. Der junge Mann grüßt ihn respektvoll. Anne und Tobias sind hinterhergerannt, stehen jetzt so dicht, dass sie alles gut verstehen können. – »Du bist wirklich gut, Jesus. Ich hab dich vorhin beobachtet. Von dir kann man lernen, was Leben ist. Das ist es, was ich suche, was mir keine Ruhe lässt.« – Jesus wehrt ab: »Wirklich gut sei ich, sagst du? Niemand ist gut, nur Gott allein. Aber was ist deine Frage?« Zögernd kommt der junge Mann damit heraus: »Was soll ich machen? Alle denken, dass es mir gut geht. Aber ich finde keine Ruhe, sehe keinen Sinn in meinem Leben. Was fehlt mir denn, damit ich das Gefühl haben kann, dass sich mein Leben lohnt, dass es bestehen kann vor Gott?« – »Was du machen sollst, weißt du doch«, sagt Jesus, »du hast die Gebote Gottes doch schon als Kind gelernt: Nicht töten, nicht ehebrechen, nicht stehlen, niemanden falsch beschuldigen, niemanden um das Seine bringen, Vater und Mutter achten.« – »Ich weiß«, sagt der junge Mann, »ich habe mich daran schon als Kind gehalten und bin dabei geblieben. Trotzdem.« – Jesus sieht ihn freundlich an, lange. Ihm gefällt der junge Mann, das merkt man. Und der merkt es wohl auch. Jedenfalls wird er rot und blickt gespannt auf Jesus, was der ihm wohl noch Gutes zu sagen hat. Jesus legt ihm die Hände auf die Schultern wie einem guten Freund: »Du hast es gut, hast auch ein gutes Gewissen. Und du fragst trotzdem nach dem echten Leben? Das besteht nicht darin, dass man alles hat. Viele denken so, träumen davon, arbeiten dafür. Aber echtes Leben ist damit nicht zu gewinnen. Das hast du schon selbst gemerkt. Jetzt will ich dir eine ehrliche Antwort auf deine Frage geben. Erschrick bitte nicht. Echtes Leben fängt da an, wo du nicht mehr haben und behalten willst. Auch geheimnisvolle Erkenntnisse über Gott nicht, wenn du das gemeint hast. Echtes Leben fängt damit an, dass du weggibst, verschenkst. Bis du nichts mehr zu verschenken hast als dich selbst. Dann wirst du frei für echtes Leben, das wir Himmel nennen. Ein ganz anderer Weg, ein ganz anderer Reichtum. Verstehst du? Also: Gib alles weg, was du hast! Schenk es den Armen und geh mit uns! Dann wirst du erleben, was ich meine.« –

Anne und Tobias sehen, wie der junge Mann erschrickt. Sein freundlich offenes Gesicht wird streng und verschlossen. Enttäuscht dreht er sich schließlich um, geht langsam weg, gebeugt wie unter einer zu schweren Last.

Auch den Freunden von Jesus hat es offenbar die Sprache verschlagen. Schweigend gehen sie mit ihm weiter auf dem Weg nach Jerusalem.

Anne und Tobias gehen zurück in die Stadt. Es dauert lange, bis Anne fragt: »Hättest du das gedacht?« – Und lange, bevor Tobias antwortet: »Ich dachte erst, dass sie gute Freunde werden würden. Es sah ganz so aus. Aber dann – das war unheimlich hart. Dein unmöglicher Spruch vom Kamel ist mir eingefallen.« – »Mir auch«, nickt Anne, »aber das er das wirklich so meint. Der junge Herr wird es jetzt noch schwerer haben. – Was hättest du denn gemacht, Tobi? Würdest du das machen, was Jesus verlangt?« – »Ich? Wenn es mir so gut ginge wie dem jungen Herrn? Wohl kaum. Ich kann ihn gut verstehen. Jesus ist doch ein bisschen zu radikal, oder? Dass die reichen Leute mehr abgeben könnten, das stimmt. Die Unterschiede sind zu groß. Da hat er Recht. Aber gerade über die Gamaliels kann sich doch hier niemand beschweren. Wenn nur alle Großen so wären wie die! Meinem Vater jedenfalls hat der Alte schon mal echt aus der Klemme geholfen. Und anständig zu ihren Leuten sind sie doch auch, oder nicht? – Alles einfach weggeben? Das schöne Haus, das alte Geschäft, die Landgüter? Alles verlassen: die Familie, die Freunde, die guten Beziehungen? Als wenn das alles nichts wäre! Das ist doch wirklich zu viel verlangt. Und stellt Jesus nicht alles auf den Kopf? Ausgerechnet ein Armer soll frei sein. Wo er doch den ganzen Tag zusehen muss, wo er das Notwendigste zum Leben her kriegt. Frei? Ich kenne nur Leute, die davon träumen, dass sie frei wären, wenn sie alles hätten. Und nun – völlig anders herum? Was meinst du denn?« – Anne schaut nachdenklich vor sich hin: »Schon. Ich weiß auch nicht recht. Aber eins ist mir jetzt doch schlagartig klar geworden: Seit Mutter da bei Gamaliels im Haus arbeitet, hab ich immer gedacht, wenn ich mal so reich wäre wie die, dann wäre es das große Glück. Aber jetzt kommt mir das wie ein Kinderwunsch vor. Sind die wirklich so glücklich? Warum hat der junge Herr denn Jesus nach dem echten Leben gefragt? Vielleicht würde Jesus das mit dem ‚alles verkaufen und mit ihm gehen' auch nicht zu jedem sagen. Aber in dem jungen Herrn war die Frage schon lebendig und dringend, sonst wäre er ihm doch nicht nachgelaufen. Oder? Ich werde das nie vergessen, wie der junge Herr da weggegangen ist. Als wäre er schon irgendwie tot. – Merkwürdig.« –

Sie schaut auf, sieht Tobias ins Gesicht und fragt ganz direkt: »Sind wir glücklich, Tobi?« – Er kann ihrem Blick kaum standhalten. »Glaub schon.« Und mit einem schnellen Blick auf Anne: »Obwohl ich nicht der Sohn vom reichen Gamaliel bin, sondern nur der vom armen Korbflechter.« – Anne nimmt seine Hand: »Gut, dass wir das alles heute erlebt haben. Meinst du nicht? – Von Jesus gehen so starke Kräfte aus. Da ist man dem Leben so richtig dicht auf der Spur. Und mit dir zusammen – das ist besonders schön, weil ich mit dir über alles so gut reden kann, Tobi.« – Tobias ist stolz auf seine Anne. Aber mehr könnte er jetzt nicht mehr aushalten, so merkwürdig heiß ist es ihm. Er muss sich Luft machen, rennt plötzlich los und zieht Anne mit sich: »Ja, komm! Komm schnell, wir müssen die Körbe holen. Vater wird schon warten und mich ausfragen. O weia. Was soll ich bloß erzählen?« – »Das musst du schon selbst wissen, Tobi, aber erzähl nicht alles, ich meine – das von uns.« – »Was du wieder denkst.« – »Ich helf' dir noch, die Körbe bis zur Ecke vor dem Markt zu tragen. Dann muss auch ich nach Hause.«

Zachäus,
der Zollchef von Jericho (Lukas 19)

Ich schlage euch eine Reise vor – in die Vergangenheit. Wir stechen mit einem römischen Schiff in See und fahren von Italien durch das Mittelmeer nach Osten. Am frühen Nachmittag laufen wir im Hafen von Japha an der Küste von Palästina ein.

Das Schiff legt an, wird vertäut. Matrosen helfen den Leuten an Land. Lautes Stimmengewirr, Rufe. Leute laufen hin und her. Getrocknete Feigen werden verladen, Datteln billig an den Mann gebracht. Felle von Schafen und Ziegen werden begutachtet. Es riecht nach Gewürzen, stinkt nach Fisch. Ein Mann verhandelt mit einem Eselvermieter. Er braucht ein starkes Reittier, will heute noch hinauf ins Bergland. Besseres als einen Esel gibt es dafür nicht, jedenfalls damals nicht.

Die beiden einigen sich. Der Mann schnallt seine Reisetasche an den Sattel und steigt auf das störrische Tier. Allmählich setzt es sich in Gang. Langsam geht es bergauf, durch Oliven- und Dattelhaine. Weiße Häuser leuchten in der Nachmittagssonne. Der Staub trocknet die Kehle aus. Schließlich taucht die große Stadt auf. Goldene Zinnen blitzen in der Sonne. Ein herrlicher Anblick: Jerusalem – Traumziel vieler Reisender.

Noch wenige Meter bis zum großen Stadttor. Jemand hält die Hand auf. Was will der denn? Ach ja, Zoll! Ein Lepton pro Person, heute etwas mehr als ein Euro. Der Mann zahlt und reitet in die Stadt ein und natürlich gleich weiter zum weltberühmten Tempel. Es ist viel los auf den Straßen. Menschen aus vielen Ländern tummeln sich hier, gehen ihren Geschäften nach. An ihrer Kleidung kann man sie unterscheiden, die Römer und Griechen, die aus Kleinasien und Ägypten, die von weiter her aus Afrika und Asien.

Für die Nacht sucht der Reisende Unterkunft in einer einfachen Herberge am Stadtrand, in der Nähe der Karawanserei. Er schläft dort unruhig. Leute kommen und gehen, Tiere schreien. Am nächsten Morgen muss er früh aufbrechen. Ein beschwerlicher Weg führt ihn hinab ins Jordantal. Vor der Mittagshitze noch will er Jericho erreichen. Endlich sieht er es vor sich: eine große Oase, die wie ein riesiger Obstgarten in der Wüste liegt.

Die Straße führt zu einem Tor, dem Tor von Jericho. Wachen stehen davor, kräftige Männer mit gefältelten Kitteln, die bis zu den Knien reichen, mit an die Waden gebundenen Sandalen. Sie tragen Lanzen, Helme und Schilde. Die Männer sehen anders aus als die Menschen hier. Es sind römische Besatzungssoldaten, die seit Jahren im Lande sind und alles kontrollieren. Die können hart durchgreifen, fackeln nicht lange, das sieht man ihnen an.

Nun versperrt einer den Weg, kein Römer, einer von den Einheimischen. Er ist ordentlich gekleidet, trägt ein langes Leinengewand. Ein dicker Lederbeutel baumelt an seinem Gürtel. Der Mann senkt langsam den Arm wie eine Schranke, lässt keinen einfach durch das Tor gehen. Der Reisende mit seinem Esel hält an. Mit einer raschen Kopfbewegung weist der Mann auf das Gepäck: »Verzollen!« – Der Reisende macht eine abwehrende Bewegung: »Nur Reisegepäck und Proviant, keine Waren.« Der vom Zoll schaut skeptisch: »Absteigen! Komm schon, öffne die Tasche!« – Gleich greift er selbst hinein und verstreut die Sachen auf das Pflaster. Das gute Hemd, das Handtuch, den Trinkbecher, alles hinein in den Staub und Eselmist. Wut steigt im Bauch des Reisenden hoch: »Muss man sich das gefallen lassen? Wozu sind denn die römischen Soldaten da?« Doch die stehen lässig an die Mauer gelehnt und grinsen. Also stecken sie mit dem Mann vom Zoll unter einer Decke, sahnen wohl selbst mit ab, abgesehen davon, dass die Zolleinnahmen eh an die Römer gehen. Aber jeder schlägt noch etwas drauf, mehr als festgelegt ist. Dabei hat der Reisende doch wirklich nichts, worauf Zoll erhoben werden könnte. Er packt seine Sachen wieder ein, nachdem er Hemd und Handtuch abgeklopft und zusammengefaltet, den Becher abgepustet hat. Als er wieder aufschaut, hält ihm der Zöllner die Hand unter die Nase. »Torgeld!«, zischt er. Der Reisende kramt einen Lepton heraus, reicht ihn dem Zöllner. Der nimmt die Münze, steckt sie in den Beutel und seine Hand gleich wieder hin: »Zu wenig, noch einen!« – »Das ist doch Willkür«, denkt der Reisende, »das Doppelte des üblichen Zolls!« – Er zahlt, besteigt den Esel und reitet durch das Tor in die Stadt.

Der Reisende sucht eine Herberge, stellt dort den Esel unter, verwahrt die Reisetasche und geht in die Altstadt, um sich dort umzuschauen. Da begegnen ihm ein paar merkwürdige Männer. Sie tragen turmartige Kopfbedeckungen und lange dunkle Gewänder. Mit ernsten Gesichtern kommen sie daher, reden eifrig miteinander und achten wenig darauf, was um sie herum geschieht. Wer ihnen entgegenkommt, weicht achtungsvoll aus. Pharisäer sind das, sagt man ihm, Männer, die streng nach den Geboten Gottes leben, viel Gutes tun, aber den anderen übel nehmen, dass sie nicht auch so leben wie sie.

Unser Reisender biegt nach links in ein ruhiges Villenviertel ein. Vornehme weiße Häuser hinter Bäumen in Gärten, eine gepflegte ruhige Wohngegend. Kinder spielen auf der Straße ein Spiel mit kleinen Steinen. Da und dort sind Leute in den Gärten. Worte gehen hin und her, Neuigkeiten werden ausgetauscht. »Heute soll ja der Mann aus Nazareth hier eintreffen. Er kommt aus dem Norden. Von dem hört man viel Gutes.« – »Ja, redegewandt soll er sein, die Menschen faszinieren und ohne Arznei Kranke heilen.« – »Ein ungewöhnlicher Mann, wie man sagt, mal streng, mal sanft.« – »Was wird der hier bei uns in Jericho machen?« – »Überraschungen wird es auf jeden Fall geben.« – »Warten wir's ab!« –

Ein Stück weiter ein Haus, das etwas zurückliegt, geschützt vor neugierigen Blicken. Es ist größer als die anderen Häuser, hat ein Portal, das mit zwei Säulen verziert ist. Vornehm sieht das alles aus, aber wie ohne Leben. Nichts regt sich hinter Zaun und Hecke. Auch nicht die Gestalt im Schatten, die offenbar Wache hält. Wer wohnt denn hier? Leute, die vorbeikommen, schauen weg, als ob sie mit diesem Haus nichts zu tun haben wollten, einer spuckt sogar aus. Dann kommt ein Junge aus dem Haus, klein und schmächtig. Er traut sich bis zum Zaun, weiter nicht, schaut von dort den spielenden Kindern zu. Als die ihn entdecken, unterbrechen sie ihr Spiel, kommen angerannt: »Komm nur, du Hundesohn, kassier auch bei uns wie dein Vater Zachäus, der Römerfreund!«–»Römerfreund, Römerfreund!« – Sie heben Steine auf: »Hier, kassier doch, oder wir werfen es dir nach!« – Der Junge dreht sich um, geht ins Haus zurück mit hängendem Kopf.

So ist das also: Dem Chef der Zöllner gehört das feine Haus, einem Zachäus. Man kann sich schon denken, woher der das Geld dafür hat, wenn seine Leute so sind wie der am Stadttor!

Der Durst treibt den Reisenden zurück auf den Markt. Da ist mächtig viel los: Händler bieten laut ihre Waren feil: Leder, Seide, Gewürze, Öle, Früchte. Ein Gemisch von Gerüchen. Stände mit Feigen, Datteln, dicken Weintrauben und Granatäpfeln. Dort ein Stand mit Bergen von Wassermelonen, fein säuberlich aufeinander gestapelt. Die Marktfrau macht einen soliden Eindruck. Ihre Melonen sind bestimmt frisch und preiswert. Herrlich werden sie schmecken!

Da betritt ein kleiner Mann den Marktplatz, begleitet von zwei Männern mit Beuteln. »Ist der eine nicht der Zöllner vom Tor? Tatsächlich!« – Und hinter den Zöllnern zwei römische Soldaten. Der Reisende spürt wieder die Wut in sich aufsteigen: »Das wird jetzt böse hier, bestimmt!« – Da wird es auch schon still auf dem lärmenden Markt. Die Gesichter der Händler werden starr – vor Angst, vor Wut. Die Gruppe der Zöllner kommt näher. Der kleine Mann steht nun ganz nah. Er hält sich betont gerade. Auf dem Kopf hat er einen spitzen Hut und sein Gewand fällt wie Seide, mit kostbarer Borte besetzt. Unten an den Füßen – wahrhaftig, schwarze Schuhe mit auffallend hohen Sohlen. Größer möchte der also sein, aber es wirkt eher lächerlich. »Das muss Zachäus, der Zollchef von Jericho sein«, denkt der Reisende, »der in dem vornehmen Haus wohnt. Sicher ist er das!« – Der steht nun mit seinen beiden Mitarbeitern dicht vor der netten Melonenfrau. Einer der beiden fordert von ihr acht As

Standgebühr für den Tag. Die Frau entsetzt: »Acht As? Das ist doppelt so viel wie sonst. Das ist doch nicht zulässig! Wo soll ich denn das Geld hernehmen? So viel wirft der Melonenverkauf doch gar nicht ab. Das können Sie doch nun wirklich nicht machen!« – Die Händler der Nachbarstände schauen finster zu, aber sie schweigen. Sie haben Angst, dass es sie auch trifft. Der Zollchef lächelt: »Ja, es wird alles teurer, die Römer fordern mehr, und wir wollen auch leben.« Er gibt dem Mitarbeiter einen Wink, einem stämmigen Kerl. »Wenn du nicht willst, Frau, dann geht es auch so!« Schon fliegt der Tisch um, die Melonen kollern auf das schmutzige Marktpflaster, einige platzen auf, andere werden von dem Stämmigen zertreten. Der Zollchef zupft an seinen weißen Handschuhen und lächelt süßlich: »Morgen wirst du wohl lieber gleich zahlen, was wir verlangen.« – Während die Frau weinend ihre Melonen aufsammelt, kassieren die Zöllner bei den anderen Händlern. Wer die heraufgesetzte Gebühr nicht zahlen will oder kann, sammelt bald auch seine beschädigte und verschmutzte Ware vom Boden auf. Stumme Verbitterung und Wut beherrschen den vorher so lebendigen Markt. Aber niemand wagt die Zolleinnehmer anzugreifen, die offensichtlich vom römischen Militär beauftragt und beschützt sind.

Der Reisende kauft bei der Melonenfrau eine halbe Frucht, sie wischt sie sorgfältig sauber, schneidet sie ihm zurecht. Er stillt seinen Durst. Dann sucht er den Geschäftspartner auf, dem seine Reise nach Jericho gilt. Sie schließen das Geschäft ab. Dann sucht er seine Herberge auf, isst etwas, versorgt seinen Esel und ruht etwas aus.

Am Nachmittag schlendert er wieder durch die Stadt. Auf der Straße, die vom Jordanfluss hoch kommt, sind auffallend viele Leute unterwegs. Ach ja, der Mann aus Nazareth, von dem sie hier so viel reden, soll auch diesen Weg kommen. Lange kann es nicht mehr dauern. Die Straße wird immer voller. Weiter hinten nimmt das Geschiebe und Gedränge zu, aber die vorne stehen eisern, lassen keinen mehr durch. Wer gibt denn da hinten keine Ruhe? Das darf doch nicht wahr sein! Der kleine Giftzwerg vom

Markt, der Zollchef Zachäus! Und jetzt ganz ohne Begleiter. Will der etwa auch den großen Mann sehen? Und weiß der denn nicht, was über den Jesus aus Nazareth geredet wird, wie streng und gerecht der sein kann? – Hier im Gedränge macht keiner dem sonst so gefürchteten Zollchef Platz. Die Leute tun so, als sähen sie ihn nicht, tauschen aber um ihn herum Blicke aus. Und schon fährt einer dem kleinen Mann mit dem Ellbogen an den Hut, sodass der verrutscht. Ein anderer Ellbogen rammt sich ihm in die Seite, wieder einer, dann gar ein schneller Fußtritt. Niemand schaut hin, aber einige grinsen schadenfroh. Wieder ein Stoß in die Rippen, so ganz unabsichtlich und wie aus Versehen. Sie lassen ihn einfach nicht durch. Und so kann der kleine Mann da hinten natürlich überhaupt nichts sehen. – Aber dann ist er plötzlich verschwunden. Hat er es endlich aufgegeben?

Dem Reisenden dagegen gelingt es dann doch, sich durchzuzwängen und sich auf der Straße ein Stück weit nach vorn zu schieben. Dort bleibt er neben einigen Pharisäern stehen, denn da vorne tut sich jetzt was. Hochrufe werden laut: »Jesus, Jesus, sei gegrüßt. Willkommen in Jericho!« –

Und dann ist er da, dieser Jesus, um ihn herum seine Freunde. Die Leute machen eine Gasse und lassen ihn durch. Arme strecken sich ihm entgegen. Jetzt ist er ganz nahe. Ein ehrliches Gesicht, ausdrucksvolle Augen. »Man hat das Gefühl, persönlich von ihm gemeint zu sein«, geht es dem Reisenden durch den Sinn, »oder? – Nein doch wohl nicht. Über mich jedenfalls sieht er jetzt hinweg. Auch die Pharisäer neben mir sind es nicht, die Jesus meint. Wohin schaut er denn? Höher hinauf. Aber was gibt es denn dort zu sehen? Und warum lächelt Jesus jetzt?« – Unwillkürlich schaut sich der Reisende um und steht fassungslos. Es verschlägt ihm einfach die Sprache. Da oben auf dem Maulbeerbaum hockt der Zollchef Zachäus! Und ausgerechnet ihn sieht Jesus an! – Die Spannung unter den Zuschauern wächst. Die Pharisäer treten enttäuscht und erstaunt zur Seite. Jesus geht auf den Baum zu: »Komm, Zachäus, komm doch herunter. Da oben hast du nichts zu suchen. Komm doch!« – Jesus streckt seine Hand aus und hilft ihm herunter. Fast fängt er den kleinen Mann auf. Dann legt er den Arm um ihn, als ob er ihn schon lange gut kennt. »Ich möchte heute dein Gast sein, ich und meine Freunde, ja?« – Das Gesicht des Zachäus leuchtet kurz auf. Dann gehen die beiden Arm in Arm davon, einfach so. Die Leute sind sprachlos, machen ihnen Platz, lassen sie durch. Bald murmeln einige ihre Enttäuschung heraus, andere beginnen empört und laut zu schimpfen.

Gegen Abend zieht es viele zum Villenviertel. Das Haus des Zachäus ist hell erleuchtet. Im Garten vor dem Haus sind Tische aufgebaut, reichlich gedeckt mit Obst und Geflügel, mit Brot und Wein. Das Tor ist weit geöffnet. Keine Wache ist zu sehen. Jesus und seine Freunde sitzen am Tisch, auch die Familie des Zachäus, auch der kleine schmächtige Junge. Sie essen, trinken und sind fröhlich. Dicht neben Jesus sitzt Zachäus. Sein Gesicht ist wie ausgewechselt. Es spiegelt Freude wider und Leben. Er merkt nichts um ihn herum, er redet mit Jesus wie mit einem Freund, mit dem er viel zu besprechen hat.

Viele Leute gehen vorbei, bleiben stehen, schauen, schütteln den Kopf, gehen weiter, machen Bemerkungen, diskutieren. Auch Murren wird laut: »Das ist doch alles die gleiche Sorte, mit denen wollen wir nichts zu tun haben.« – Andere gehen betroffen weiter, nachdenklich, – auch der Reisende. In einem Seitenweg stehen einige Pharisäer. Sie schimpfen laut vor sich hin: »Große Worte von Gott machen, das kann der Jesus! – Und dann noch behaupten, er wüsste besser, was Gott eigentlich will! – Er würde das auch tun, was Gott meint. – Und dann hier sitzen und mit diesem Kerl zusammen fressen und saufen, der sich alles zusammengegaunert hat! – Ekelhaft! – Das sollten mal die dummen Leute sehen, die begeistert hinter ihm her rennen, ihn Messias nennen! – Und dann uns noch vorwerfen, wir verstünden nichts und seien eingebildet! – Da hört doch alles auf. – Wir werden rechtzeitig etwas tun müssen, um dem Kerl das böse Spiel zu verderben! – Ja, bevor es zu spät ist!«

Am nächsten Morgen geht der Reisende noch einmal über den Markt. Die Stimmung ist dort ganz anders. Gruppen stehen zusammen und reden. Sie sind aufgeregt und überrascht: »Der Zachäus soll eine Riesensumme in die Sozialkasse der Gemeinde gespendet haben zur Versorgung aller Armen«, weiß einer zu berichten, »mein Vetter ist da angestellt, von dem hab ich das.« – »Wenn das man stimmt«, wehrt ein anderer ab, »vielleicht hat dein Vetter nicht richtig gehört. ‚Zur Verborgung an die Armen' wird gemeint sein, und dann sollt ihr die Wucherzinsen sehen, die der nimmt!« – Alle lachen – »Und wenn schon, dann wird's ein fauler Trick sein mit der Spende. Mit einer Hand spenden und mit der anderen pfänden. Die Sorte kennen wir doch. Die behalten noch genug für sich und gelten dann noch als Wohltäter, diese Blutsauger!« – Jetzt mischt sich der Feigenhändler ein: »Was wisst ihr schon? Dumme Sprüche macht ihr! Heute Morgen ist der Zachäus persönlich bei mir gewesen und hat mir viermal so viel zurückgegeben, wie er mir gestern zu Unrecht abgeknöpft hat. Und all den anderen Händlern hier auch. Und die Standgebühr ist nicht nur die alte geblieben, sondern sogar gesenkt worden.« – »Ja, ich hab das auch gehört. Aber ob das wirklich so bleibt?« – Ein Käufer kommt neu hinzu: »Was ist denn mit dem Zollchef eigentlich passiert? Der soll ja jetzt ganz anders sein. Kann mir das jemand mal erklären? Hat der sich auf seine alten Tage etwa noch geändert? Ist das wirklich echt?« – Die Melonenverkäuferin schlürft eins ihrer Musterexemplare aus: »Warum soll das nicht echt sein? Warum darf es keine Wunder geben? Bei mir war der Zachäus auch und hat sich ehrlich entschuldigt für das gestern. Und die zertretenen Melonen hat er sehr großzügig ersetzt.« – Sie wirft die ausgegessene Schale in den Abfallkorb. »Vielleicht ist der Zachäus nur so gemein geworden, weil keiner von uns ihn je mochte, weil er nie einen Freund hatte. Und Jesus, als der gestern kam, war gut zu ihm wie ein Freund. Versteht ihr, was ich meine? Ich bin froh, dass ich so etwas miterleben kann. Ich finde das unheimlich gut, ihr nicht?«

Stephanus ist begeistert (Apostelgeschichte 6)

In einer stillen Seitenstraße der alten jüdischen Stadt stand ein größeres Haus, das bei den Nachbarn seit einiger Zeit Aufsehen erregte. Nach Einbruch der Dunkelheit kamen häufig Leute dort hin, auch Frauen, Einzelne und Gruppen, gaben sich möglichst unauffällig und verschwanden schnell in dem Haus. Nach Stunden gingen sie ebenso vorsichtig wieder weg. Das Haus gehörte einem Zollbeamten, der aber seinen Beruf vor einigen Jahren plötzlich aufgegeben und mit dem Jesus aus Nazareth gegangen war. Jesus, der den alten Glauben ändern wollte und dafür hingerichtet wurde. Die Freunde von Jesus behaupteten dann, er sei wieder lebendig bei ihnen gewesen und sei das immer noch, wenn sie sich versammelten, um an ihn und seinen neuen Weg des Lebens zu denken. Gesehen hatten die Nachbarn den Jesus allerdings nie. Es wurde damals viel darüber in der Stadt geredet. Inzwischen war es um diese Sache stiller geworden. Aber es gab offenbar immer noch eine Reihe von Leuten, die an diesen Jesus glaubten. Die da abends in das Haus gingen, waren solche Menschen, waren Christen.

»Verbieten sollte man das«, sagte ein älterer Mann, der mit anderen Nachbarn im Hauseingang gegenüber stand und das Kommen der Leute beobachtete. »Sie halten sich nicht an die alten Gesetze und Vorschriften, hat unser Lehrer gesagt«, meinte ein Junge. »Gehen sie denn nicht mehr zum Tempel?« – »Doch. Aber wenn unser Hoher Rat damals den Jesus verurteilt hat, dann kann er doch nicht von Gott sein. Und das glauben die doch.« – »Sie wurden auch aus der Sozialversorgung unserer Gemeinde ausgeschlossen. Der Gemeindevorstand dachte, dann würden diese Leute zur Besinnung kommen. Wo doch viele von ihnen auch aus den jüdischen Familien ausgestoßen wurden, von ihnen keine Hilfe mehr bekommen, wenn sie alt oder krank sind.« – »Das soll nicht viel genützt haben. Sie haben inzwischen ihre eigene

Sozialversorgung aufgebaut. Die soll sogar besser sein als unsere.« – »Du willst wohl auch zu ihnen überlaufen?« – »Ich? Nein. Ich halte mich wie ihr alle treu an das, was unsere jüdischen Gesetzeslehrer sagen. Wir können das doch nicht selbst beurteilen.« – »Vorige Woche kam ein junges Paar von denen«, erzählte eine Frau, »die fragten nach einer Wohnung hier. Was die sich wohl denken? Darauf lassen wir uns nicht ein und wenn sie noch so viel zahlen. Keiner in unserer Straße würde mehr mit uns reden!« – »Aber zu mir waren sie sehr nett. Der Mann hat meinen kleinen Holzhund wieder ganz gemacht«, sagte die kleine Tochter. – »Was verstehst du schon davon? Auf das Nettsein kommt es nicht an. Nach unserer alten Glaubensordnung muss man leben, das ist gut. Und das tun die nicht. Merk dir das!«

Die Nachbarn sagten nichts mehr, denn jetzt kamen wieder Leute auf das Haus gegenüber zu. Aber die gaben sich ganz anders. Sie benahmen sich ungezwungen, redeten laut miteinander und lachten sogar. Sie sprachen griechisch, damals die Weltsprache. Sie gehörten also zu den Juden, die lange in anderen Ländern gewohnt hatten und nun wieder in ihre Heimat, in das Land der Juden, zurückgekehrt waren. »Hellenisten« wurden sie von den einheimischen Juden genannt.

»Schau dir das mal an. Die haben nun auch schon Hellenisten auf ihre Seite gezogen«, sagte der ältere Nachbar, »treten ganz anders auf als unsere einheimischen eingeschüchterten Christen, seht doch!« – »Richtig radikal wirken die! Das wird mit denen noch Ärger geben, sag ich euch!« – »Muss ich gleich morgen unserem Rabbi melden und fragen, wie wir uns verhalten sollen.« – »Unsere Oberen sollten gleich dagegen einschreiten, bevor die sich noch mehr breit machen.« – »Was sich hier ausgerechnet in unserer Straße abspielt, ist ärgerlich. Wir kommen ins Gerede, sag ich euch.« – »Schau dir doch das Gedränge an. Das nimmt ja heute gar kein Ende. Verdächtig ist das, sehr verdächtig!« –

In dem Haus war das Gedränge wirklich groß. Der ganze Innenhof war voller Leute, die bis in die anliegenden Zimmer hinein standen. Die meisten kannten sich, begrüßten sich herzlich, machten einander möglichst Platz. Für die Alten und Kranken wurden ganz vorn Stühle hingestellt. Man hörte kein Schimpfen über die Enge, jeder achtete rücksichtsvoll auf die anderen.

Dann eröffnete einer der zwölf Leiter der Gemeinde, einer der Apostel, die Versammlung der ersten Christen in Jerusalem. Er begrüßte alle, besonders die hellenistischen Mitchristen. Der Hauptpunkt der Tagesordnung war die neue Sozialversorgung. Die, denen es besser ging, zahlten freiwillig in die Sozialkasse ein, teils hohe Beträge. Manche hatten sogar ihren Besitz verkauft, damit die Armen, Alten und Kranken, besonders die Witwen, versorgt werden konnten. »Wir sind alle eine große Familie, wir teilen alles untereinander«, sagten sie bescheiden, »so hat es Jesus mit seinen Freunden doch auch gemacht.«

Nun wurde eine schriftliche Anfrage vorgelesen, warum die Witwen der hellenistischen Christen seit einigen Wochen keine Unterstützung mehr aus der Sozialkasse bekommen hätten. Das hatte Verwirrung in der Gemeinde gegeben, auch Verärgerung. Denn die armen Frauen, deren Männer tot waren, hatten doch sonst kein Einkommen. Nachbarn hatten zwar ausgeholfen. Aber warum waren die Zahlungen denn eingestellt worden? Und zwar nur für die zugezogenen hellenistischen, nicht für die einheimischen Witwen?

Es meldete sich ein jüngerer Mann mit hellenistischem Tonfall zu Wort: »Ich habe das Vertrauen zu euch, dass wir hier ganz offen miteinander reden können. Und ich frage, ob die Einstellung der Zahlungen an unsere hellenistischen Witwen damit zusammenhängt, dass wir hellenistischen Christen uns stärker vom jüdischen Glauben entfernt haben als ihr Einheimischen, die ihr ja noch zu den Opfergottesdiensten in den Tempel geht und die jüdischen Bräuche auch sonst noch einhaltet? Auch werben wir Hellenisten stärker für unseren christlichen Glauben in der Stadt als ihr Einheimischen. Habt ihr Angst, dass das Ärger mit den altgläubigen Juden geben könnte? Gebt bitte eine ehrliche Antwort!« – Der Mann hatte das sehr ruhig und redegewandt vorgetragen. Das machte einen guten Eindruck. »Das ist Stephanus, der Sprecher der hellenistischen Christen«, flüsterte eine Frau ihrem alten Vater zu.

Der Vorsitzende des Sozialausschusses, ein einheimischer Christ, gab darauf offen zu, dass sie die Zahlungen an die hellenistischen Witwen genau deswegen zurückgehalten hätten, um die hellenistischen Brüder und Schwestern zu größerer Vorsicht zu bringen.

»Aber das ist doch nicht im Sinne Jesu, dass man Freunde, die anderer Meinung sind, mit solchen heimtückischen Mitteln unter Druck setzt«, sagte darauf Stephanus. »So haben das die altgläubigen Juden schon mit uns versucht, aber unter uns Christen ist das doch nicht der richtige Stil, oder?«

Die Mitglieder des Sozialausschusses, alles Einheimische, sahen das ein: »Das haben wir wohl tatsächlich nicht gründlich genug überlegt. Entschuldigt bitte!«, sagte der Vorsitzende, und nach kurzer Beratung bat der ganze Ausschuss darum, von seiner Aufgabe entbunden zu werden. »Wir sind noch nicht so weit, solche Zusammenhänge zu erkennen und die dem neuen Glauben angemessenen Entscheidungen zu treffen«, begründeten sie ihren Antrag. »Vielleicht sind andere Freunde hier, die das besser können«, sagten sie. »Wir meinen das ganz ehrlich, sind auch nicht beleidigt. Glaubt uns das!«

Nun traten die Apostel vor, dankten dem bisherigen Ausschuss für seine Arbeit und baten die Versammlung, sieben neue Leute für diese Arbeit vorzuschlagen. Sie selbst hätten schon genug Arbeit mit der Gemeindeleitung. Das fand Zustimmung bei der Versammlung. Es wurde eine kleine Pause eingelegt, in der man in kleineren Gruppen Vorschläge besprechen konnte. Danach schlugen mehrere Einheimische vor, diesen Sozialausschuss ganz mit hellenistischen Brüdern zu besetzen. Die hätten über die Arbeit gründlicher nachgedacht und wären dafür die Richtigen. – Das fand allgemein Zustimmung. Es wurden Namen genannt und sieben Hellenisten in den neuen Ausschuss gewählt. Der Vorsitz wurde dem Stephanus übertragen.

Die Apostel beteten für die neu Gewählten, legten ihnen zum Segen die Hände auf den Kopf: »Der Geist Jesu leite und stärke euch in eurer Arbeit.« Alle bekräftigten es mit »Amen«.

Dann wurde noch vereinbart, dass die hellenistischen Christen in ihrer freieren Auffassung des Glaubens und die einheimischen Christen mit ihrer noch mehr im Judentum verwurzelten Auffassung sich gegenseitig respektieren und einander nicht unter Druck setzen sollten. »Wir sind uns im gemeinsamen Glauben an Jesus Christus so einig, dass jede Gruppe ihren etwas unterschiedlichen Weg gehen kann, wie Gott ihr die Einsicht gibt«, sagte einer der Apostel und schloss die Versammlung mit einem Gebet ab.

Stephanus ging mit seinem Freund Nikanor nach Hause. »Ich bin richtig begeistert von diesem Abend und den Freunden, du auch?« – »Dass auch die einheimischen Christen uns einstimmig in den Ausschuss gewählt haben, war einfach großartig von ihnen.« – »Und dass sie ihren Fehler eingesehen und das auch ehrlich zugegeben haben! Dieser Abend heute hat mich so richtig bestärkt in der Überzeugung, wie wichtig der Glaube an Jesus ist und wie er die Menschen verwandeln kann! Das will ich gleich morgen meinen alten hellenistischen Freunden erzählen, die noch am alten Glauben der Juden festhalten.« –

Das tat Stephanus dann auch. Er redete so begeistert, dass eine Reihe von ihnen noch am gleichen Abend zu den Christen in die Versammlung kam und sich zur Taufe anmeldete. Die brachten dann wieder andere mit, sodass die Gemeinde der Christen größer wurde und sie bald in mehreren Häusern zusammenkommen mussten.

In den jüdischen Gemeindehäusern, in denen sich hellenistische Juden versammelten, fiel das natürlich auf, dass immer mehr von ihren Leuten zu den Christen übergingen, selbst einige ihrer Priester. Die Leiter überlegten, wie sie gegen die Christen vorgehen könnten. »Besonders ein Stephanus ist ein ganz gefährlicher Agent der neuen Lehre. Die Leute behaupten gar, er könne Wunder tun wie Jesus. Neulich war ein Mann bei uns, der behauptete steif und fest, Stephanus habe ihn durch Gebet von einer bösen Krankheit geheilt. Wir haben ihn natürlich hinausgeworfen.« –

Sie beriefen eine Versammlung der hellenistischen Juden in eins ihrer Gemeindehäuser ein. »Die Wahrheit unserer alten jüdischen Glaubenstradition und die falsche neue Lehre der Christen« war das Thema. – »Da müssen wir unbedingt hin!«, sagte Stephanus zu seinen Freunden, als sie von der Veranstaltung hörten. – »Aber die werden uns doch nur fertig machen mit ihrem gelehrten Geschwätz!«, warnte Nikanor. – »Das werden wir noch sehen. Ich fühle eine gute starke Kraft in mir. Betet für mich, dann wird Jesus mir nahe sein und mich leiten und stärken«, meinte Stephanus zuversichtlich.

Bei der Versammlung hielt erst ein junger jüdischer Gesetzeslehrer einen Vortrag zu dem angekündigten Thema. Er sprach sehr geschickt und überzeugend für den alten Glauben der Juden. Jesus sei doch von ihren höchsten Glaubensrichtern verurteilt worden. Ein elend am Kreuz Gestorbener könne doch unmöglich der Sohn Gottes sein. Gott hätte ihn offensichtlich verworfen. Der Glaube der Christen sei falsch.

Der Redner bekam großen Beifall. Dann wurde zur Diskussion aufgefordert. Einige, auch Juden aus dem Ausland, traten vor und bestätigten die Meinung des Redners mit neuen Begründungen. Dann ging Stephanus nach vorn. Viele tuschelten: »Wer ist denn das?« – »Einer von den Christen!« – »Psst!« – Gespannte Stille breitete sich aus.

»Ihr wisst, dass ich einer von diesen angeblich falsch glaubenden Christen bin«, begann er, ging dann auf die Vorredner kaum ein, sondern erzählte begeistert von dem neuen Leben der Christen, von ihren Einsichten und Erfahrungen und wie sie ganz praktisch in ihrer neuen Gemeinschaft erlebten, dass der auferstandene Jesus Christus wirklich unter ihnen sei mit seinem guten befreienden Geist, sie als Schwestern und Brüder in einer Familie Gottes zusammenführt. Diese Erfahrung ist stärker und heiliger als alle Opfergottesdienste im alten Tempel. »Das ist lebendiges Herz und nicht toter Stein, der keine Zukunft hat«, schloss er seine Rede.

Die versammelten hellenistischen Juden waren bei seinen Worten nachdenklich geworden. Stephanus hatte Eindruck auf sie gemacht. Der erste Redner brachte seine Gedanken noch einmal vor, andere bestätigten seine Ausführungen. Aber gegen die Begeisterung des Stephanus wirkte das blass und langweilig.

Die Leiter der hellenistischen Juden waren wütend, dass Stephanus so gut abgeschnitten hatte. »Dieser Mann ist gefährlich, eine echte Bedrohung für unseren alten Glauben. Wir müssen ihn unbedingt ausschalten«, sagten sie.

Einige Tage später wurde Stephanus verhaftet und vor das Oberste Jüdische Glaubensgericht in Jerusalem geschleppt. Es traten Zeugen mit Beschuldigungen gegen ihn auf. Man munkelte, dass sie bestochen worden seien. Sie sagten, dass Stephanus behauptet hätte, der Jesus aus Nazareth würde den heiligen Tempel in Jerusalem zerstören und die Gesetze Gottes, die einst Mose unserem Volk gegeben hat, ändern.

Stephanus wurde zur Verteidigung aufgefordert. Alle sahen ihn an und erschraken. Sein Gesicht strahlte solche Begeisterung und Freude aus, als wäre es das Gesicht eines Engels.

Er stand auf und hielt eine lange Rede. Ganz frei erinnerte er an die alten Glaubensgeschichten aus der Bibel, wie Gott immer wieder Menschen aufgerufen hätte zum Aufbruch in ein neues Leben: Abraham und Isaak und Jakob, dann Josef in Ägypten und Mose, der das Volk aus der Knechtschaft und durch das Meer und die Wüste geführt habe. Und immer seien diese Männer auf Unverständnis und Widerstand gestoßen. Das Volk der Juden hätte sich lieber anderen Göttern zugewandt wie dem Goldenen Kalb, als den Boten Gottes zu glauben. Und dann hätte der König Salomo den Tempel in Jerusalem als Wohnung Gottes gebaut, aber der lebendige Gott wohnt nicht in Häusern aus Stein, sondern überall in seiner Schöpfung und besonders in den Herzen der Menschen, die an ihn glauben. »Aber das tut ihr, die ihr euch auf die alten Gesetze beruft, eben nicht. Gottes Geist führt auf neue Wege. Den Boten Gottes, die diese Wege zeigten, haben eure Väter nicht geglaubt, haben sie verfolgt. Und so habt ihr Jesus, den Boten und Christus Gottes auch abgelehnt, verurteilt und ermordet«, rief er zuletzt aus.

Da wurden die Mitglieder des Gerichts wütend. Unruhe brach aus. Selbst der leitende Richter konnte oder wollte keine Ruhe gebieten. Von der Richterbank und aus den Zuschauern hörte man Rufe: »Unverschämtheit!« – »Das geht nun wirklich zu weit!« – »Das brauchen wir uns nicht gefallen lassen!« – »Bringt den Wirrkopf zum Schweigen!« – »Todesstrafe!« –

Stephanus hörte das alles nicht. Er hatte sein strahlendes Gesicht nach oben gewendet, ganz traumversunken, als ob er da etwas ganz Starkes, Herrliches sähe. Langsam wurden die aufgeregten Leute im Gerichtssaal wieder still, als sie dies merkwürdige Aussehen des Angeklagten bemerkten. Dann fing Stephanus wieder an zu sprechen, langsam, mit langen Pausen wie staunend: »Der Himmel hat sich geöffnet. – Seht ihr das denn nicht? – Ein wunderbares Licht, die Herrlichkeit Gottes, kaum zu ertragen. – Jesus! – Da ist er. Ich sehe ihn: Jesus! – Direkt bei Gott steht er, mitten in der Herrlichkeit. – Wie Gott ist er, voller Güte und Erbarmen.« –

Da wurden die Leute im Gerichtssaal wie toll. Sie hielten sich die Ohren zu, schrien laut und gehässig, sprangen auf, stürmten nach vorn, packten den Stephanus und zerrten ihn aus dem Gericht. Draußen liefen die Leute zusammen: »Was ist denn los?« – »Der Christ hier stellt den alten Glauben auf den Kopf, lästert Gott, will uns verwirren.« – »Todesurteil durch Steinigung!« – »Kommt alle mit! Der hier muss weg, der Verbrecher!«

Zwei stämmige Gerichtsdiener schleppten Stephanus weg, hielten ihn im folternden Griff, obwohl er sich gar nicht wehrte. Die Leute aus dem Gericht und die von der Straße hinterher. Einige sammelten schon Steine auf. So ging es zu einem alten Steinbruch vor der Stadtmauer. Da stellten sie Stephanus in die Mitte. Die Menge im weiten Kreis drum herum. Die noch keine Steine hatten, hoben nun welche auf. Die Zeugen aus dem Gericht traten vor, zogen ihre Jacken aus, krempelten die Ärmel hoch. Der eine rief wieder: »Er ist gegen den heiligen Tempel Gottes!« Sein Stein traf Stephanus an der Schulter. Der andere rief: »Der hier verdreht das heilige Gesetz Gottes!« Sein Stein traf am Kopf, Stephanus blutete. Aber er schaute wieder wie träumend zum Himmel auf, als sähe er ihn offen. So gut er noch konnte, hob die Arme auf und betete: »Jesus, mein Herr und Gott, nimm meinen Geist zu dir!« – Trotzdem flogen nun von allen Seiten die Steine. Stephanus fiel auf die Knie und betete weiter: »Herr Gott, strafe doch diese Menschen hier nicht für ihre Verblendung und Sünde!« – Immer wieder getroffen und blutend brach Stephanus schließlich zusammen und starb.

Als sie seinen Tod festgestellt hatten, zogen die erregten Leute schreiend zurück in die Stadt: »Jetzt kommen die anderen Christen dran, die verdammten Spinner! – Macht sie fertig! – Holt sie raus aus ihren Häusern, jagt sie! – Gebt es ihnen!«

Einige der Christen wurden zusammengeschlagen, ihre Wohnungen und die Versammlungshäuser demoliert. Die anderen wurden bedroht, verspottet und beschimpft. Es traf allerdings nur die hellenistischen Christen. Die einheimischen ließ man diesmal noch in Ruhe.

Daraufhin flohen die hellenistischen Christen aus Jerusalem in die Dörfer und Städte des Landes. Manche irrten länger umher bis sie eine neue Bleibe und freundliche Nachbarn fanden. Und so kamen bald überall im Lande die geflohenen Christen in neuen Gemeinden zusammen, erzählten von Jesus, feierten ihre Gottesdienste und teilten miteinander Brot und Wein und alles andere, was man zum Leben braucht. So gewannen sie neue Freunde, die dann auch Christen wurden.

Die Leiche des Stephanus aber holten einheimische Freunde aus dem Steinbruch und begruben ihn unter bitteren Klagen und Tränen. Sie wollten ihn nicht vergessen.

Der Finanzminister von Äthiopien
(Apostelgeschichte 8)

Als er noch ein Baby war – seine Eltern wohnten in einem kleinen Haus in einer Nebenstraße –, sagte sein Vater manchmal: »Was aus dem Kleinen wohl einmal werden wird?« – Die Mutter rückte das auf ihre Weise zurecht: »Er muss nichts Besonderes werden, nur seinen eigenen Lebensweg finden.« – Der Vater aber blieb dabei: »Ich wünsche ihm, dass er ein Beamter wird, dann braucht er keine Sorgen mehr zu haben.« – Der Vater war einfacher Arbeiter und hatte selbst einmal von einem Beamtensessel geträumt. Ein höheres Lebensziel konnte er sich kaum vorstellen.

Als er dann ein kleiner Junge war, träumte er davon, in die Schule gehen zu können und ein Schulkind zu sein. »Das ist mehr als bloß Kind«, dachte er. Er sah die anderen Kinder mit ihren Schulsachen vorübergehen und fragte die Eltern dauernd nach der Schule. Endlich war es dann so weit. Ob die damals schon Zuckertüten hatten? Ich glaube nicht. Aber obwohl er auch etwas Angst vor all dem Neuen hatte, war er doch sehr stolz. Erst ging er sehr gerne hin und war glücklich. Dann ging er nur noch gerne. Und schließlich – na, ihr wisst ja, wie es einem dann so in der Schule geht, auch wenn man gute Noten nach Hause bringt wie er.

Er bewunderte die älteren Schüler, die so tolle Sachen auf dem Schulhof erzählten und so sicher auftraten. Da träumte er davon, ein Jugendlicher zu sein und ausgehen zu können mit seinen Freunden.

Als er dann Jugendlicher war, bummelte er mit seinen Freunden, Jungen und einigen Mädchen, in der Stadt herum. Sie redeten über die Lehrer, über andere Schüler, natürlich über tolle Wagen, über Rekorde im Sport und über Geld. Sie dachten sich lustige, manchmal auch blödsinnige Sachen aus. Oft kamen sie dabei am Fipa vorbei, so nannten sie den Finanzpalast, oder genauer: das Finanzministerium der äthiopischen Königin, ein wahrhaft stolzes Gebäude. Dann sagte er manchmal: »Wenn ich da erst mal hinter einem Schreibtisch sitze, dann habe ich es geschafft«, denn das war jetzt sein Traum: mit sehr viel Geld umgehen zu können und einiges davon auch selbst zu besitzen. Seine Freunde grinsten dann, obwohl sie seinen Ehrgeiz bewunderten und ihn um sein klares Berufsziel ein wenig beneideten. »Dann mach aber immer gut deine Schularbeiten, und mit Mädchen ist es ja dann auch nichts mehr für dich!« – »Weiß ich«, brummte er kurz, »Macht haben und Geld, das ist auch etwas wert.« – Die höheren Beamten der Königin mussten sich nämlich in diesem Land im Nordosten Afrikas damals sterilisieren lassen, bevor sie ihr Amt antreten konnten. Warum, weiß ich auch nicht.

Er ging tatsächlich mit einem sehr guten Zeugnis von der Schule ab, wurde als Inspektorenanwärter im Finanzamt angenommen, machte schnell eine steile Erfolgskarriere und saß schließlich wirklich auf dem goldverzierten Sessel des Finanzministers, von vielen bestaunt und umschmeichelt, von anderen beneidet und gefürchtet. Jetzt hatte er es mit riesigen Geldsummen zu tun, konnte seine Macht spielen lassen. Er hatte auch selbst genügend Geld, einen luxuriösen Wagen, wohnte in einer stolzen Villa und hatte mehr erreicht, als er sich je hätte träumen lassen.

Aber nach vielen Jahren wurde er unruhiger, war öfter abgelenkt. Das, was ihn befallen hatte, kann man vielleicht »Fernweh« nennen. Oft stand er traumverloren an einem der großen Fenster, schaute nach den fernen Bergen und weit darüber hinweg. Vielleicht gab es da irgendwo Möglichkeiten des Lebens, Erfahrungen und Erlebnisse, die er noch überhaupt nicht kannte. Der große Palast kam ihm jetzt kleiner vor, sein großes prächtiges Empfangszimmer eng. Wenn ihn jetzt einer gefragt hätte, ob er glücklich sei, dann hätte er natürlich gesagt: »Ausgezeichnet geht es mir!« – Aber er hätte nicht genau gewusst, ob das so auch stimmte. Als Finanzminister hatte er mit vielen reichen Leuten aus dem Ausland zu tun. Am Abend nach den geschäftlichen Verhandlungen saß er gern mit ihnen zusammen und ließ sich über ihre Länder berichten. Früher interessierten ihn natürlich besonders die wirtschaftlichen Verhältnisse und die Politik. Jetzt fragte er öfter, wie die Menschen sich dort fühlten, was sie glaubten und was sie als den Sinn des Lebens ansehen würden. Diese Fragen waren schwer zu beantworten, und die Gesprächspartner wunderten sich über dieses Interesse des Finanzministers von Äthiopien.

Dann entschloss er sich zu einer längeren Reise. Er sorgte für einen fähigen Vertreter, arbeitete ihn in die Führung des Ministeriums ein und bat die Königin um einen längeren Urlaub, unbezahlt natürlich. Aber das spielte für ihn ja keine Rolle. – Sein Reisewagen wurde beladen, seinen treusten Diener nahm er als Kutscher mit. So fuhr er los mit unbekanntem Ziel. Er kam durch Gebirge und weite Ebenen, an Flüssen und Meeresküsten vorbei, durch Dörfer und Städte mit ihrem bunten Leben. Hier und da blieb er einige Tage, lernte Menschen kennen und sprach mit ihnen gern über ihre Auffassung vom Sinn des Lebens, ihre persönlichen Hoffnungen und über ihren Glauben.

So kam er auch nach Jerusalem, der Hauptstadt des Landes der Juden am östlichen Mittelmeer. Schon in seiner Heimat hatte er von Finanzexperten aus diesem Land von der Religion der Juden gehört, von ihren uralten religiösen Schriften und dem Wunderbau ihres Tempels. Dorthin zog es ihn. Würde er dort eine Antwort auf seine Lebensfragen finden? Monatelang blieb er dort, lernte die Sprache, später auch die hebräische Schrift. Er ließ sich den Glauben an den einen Gott erklären, von dem man sich kein Bild machen soll, ließ sich die alten Schriften vorlesen. Er hörte, dass es glücklicher mache, gerecht und liebevoll mit den Menschen zu leben als reich und mächtig zu sein. Nur so erfährt man etwas von der warmherzigen Zuneigung anderer

Menschen, von der Barmherzigkeit und Liebe Gottes, die auch dann noch trägt, wenn man selbst vielleicht arm und hilflos dasteht. In einigen Stellen der alten Schriften war auch davon die Rede, dass das zarte Mitgefühl mit den ratlosen und leidenden Menschen dem Leben den tiefsten Sinn gibt und den Frieden Gottes in die Welt bringt. So haben Menschen des Glaubens sogar das Leid anderer auf sich genommen und getragen.

Er dachte lange über das alles nach und es überzeugte ihn. So ein Leben war es wohl, das er gesucht hatte. Er wollte diesen Glauben selbst annehmen und stellte einen entsprechenden Antrag beim Hohenpriesteramt in Jerusalem. Die Antwort lautete:

Sehr geehrter Herr Minister,

vielen Dank für Ihren uns ehrenden Antrag, den wir sorgfältig geprüft haben. Wir müssen ihnen aber leider mitteilen, dass Sie als hoher Beamter der Königin von Äthiopien nicht in unsere Religionsgemeinschaft aufgenommen werden können, weil Sie sterilisiert sind und nach unserem Glaubensgesetz des Mose, Buch 5, Kapitel 23, Vers 2, kein Entmannter bzw. Kastrierter in die Gemeinde des von Gott erwählten Volkes aufgenommen werden soll.

Wir bedauern aufrichtig, Ihnen, sehr geehrter Herr Minister, keinen günstigeren Bescheid zukommen lassen zu können.

Hochachtungsvoll!   *Der Hohepriester in Jerusalem*

Enttäuscht und traurig saß der fremde Finanzminister im Vorhof des Tempels. Weiter hinein durfte er ja nicht. Nun war seine monatelange beschwerliche Reise über tausende von Kilometern dicht am Ziel doch umsonst gewesen.

Da kam ein alter Gesetzeslehrer vorbei, sah ihn traurig sitzen und sprach ihn mitfühlend an. Der Minister erklärte ihm sein

Problem und zeigte ihm das Schreiben des Hohenpriesters. »Ja, der Bescheid ist leider richtig«, sagte der Alte, »aber es gibt in unseren heiligen Schriften auch noch eine Stelle, die Menschen wie dir eine Hoffnung lässt. »Was steht denn da und wo?«, fragte der Minister interessiert. – »Im Buch des Propheten Jesaja, Kapitel 56, Vers 3 bis 5, wird gesagt, dass Menschen wie du, die mit Gott leben wollen, einmal auch zur Gemeinde Gottes gehören dürfen, dort geehrt und ewig bleiben werden.« – »Wann wird das denn sein?« – »Wenn der Zukunfsmensch Gottes kommt, der Messias, dann wird das alles in Erfüllung gehen.« – Die beiden sprachen noch lange darüber dort im Vorhof des Tempels in Jerusalem.

Der Minister, der ja inzwischen selbst die Schrift der Juden, das Hebräische, lesen gelernt hatte, kaufte sich dann eine Buchrolle des Propheten Jesaja, die heute auch im Alten Testament unserer Bibeln steht. Er bezahlte damals ein Vermögen dafür. Waren die Buchrollen doch mit der Hand auf zusammengenähte Tierhäute geschrieben, entsprechend selten und so kostbar, dass nur Tempel und Gemeindehäuser, Bibliotheken und Fürsten welche hatten. Aber er bezahlte den hohen Preis gerne, weil er dieses alte Buch mit seinen guten Gedanken immer wieder lesen und darüber nachdenken wollte.

Dann ließ er seinen Reisewagen anspannen und bepacken und machte sich auf den Weg von Jerusalem in seine weit entfernte ostafrikanische Heimat zurück. Soweit es die holprige Straße zuließ, versuchte er hinten im Wagen in der Buchrolle des Propheten Jesaja zu lesen. Um es besser verstehen zu können, las er laut. So merkte er nicht, dass schon eine Zeit lang neben dem Wagen ein Mann herging, der ihn genau beobachtete, diesen dunkelhäutigen Mann aus Afrika, der laut in einem Buch aus der Bibel der Juden las. Doch dann sprach der Mann den Minister höflich an: »Entschuldigen Sie bitte meine Aufdringlichkeit, aber ich höre und sehe, dass Sie eine unserer alten Glaubensschriften lesen. Und ich frage mich, ob Sie als ein Mann aus dem fernen Ausland das überhaupt einigermaßen verstehen können.« – »Bitte, bitte, nett, dass Sie so fragen. Es ist tatsächlich schwer für mich als Ausländer, diese Gedanken zu verstehen. Aber wenn Sie doch den gleichen Weg haben, bitte, steigen Sie doch auf. Dann können Sie mir vielleicht freundlicherweise diese Sätze erklären und wir können darüber sprechen. – Halt, Kutscher!« – Der Wagen hielt, und Philippus, so hieß der Mann, bedankte sich und stieg ein. Der Minister las die schwierige Stelle noch einmal:

> *»Er wird abgeführt wie ein Schaf zum Schlachthaus.*
> *Wie bei einem Lamm, wenn das Schermesser ansetzt,*
> *so ist kein Wort über seine Lippen gekommen.*
> *Er war so machtlos, dass keiner*
> *sich für ein gerechtes Urteil über ihn einsetzte.*
> *Wer wird später seine Geschichte erzählen?*
> *Weggenommen von der Erde wird sein Leben.«*

Der Minister ließ die schwere Buchrolle sinken: »Einer, der für andere leidet und verurteilt wird. – Merkwürdig, von wem ist da die Rede?«, fragte er den Philippus. »Ist das der Prophet Jesaja selbst, der das Buch geschrieben hat, oder ist von einem anderen die Rede?« – Philippus antwortete: »Darüber streiten sich bis heute die Gelehrten. Es könnte aber auch unser Volk der Juden gemeint sein, das immer wieder bedrängt und verfolgt wird und schon viel leiden musste für diesen seinen Glauben. Dabei will der doch für alle Menschen Gutes bringen.« Dann erzählte er dem fremden Afrikaner von Jesus, zu dessen Freunden er sich zähle. »Jesus, der hat so gelebt und ist so gestorben, wie es in dem alten Glaubensbuch beschrieben ist. Und wir, seine Freunde, glauben, dass er der Zukunftsmensch Gottes ist, gekommen, um alle zu erlösen.«

Da horchte der Minister auf und erzählte dem Philippus seine ganze Geschichte. Auch von der Hoffnung sprach er, die ihm der alte Gelehrte im Tempel gemacht hatte. Philippus sagte: »Ja, das stimmt. Jesus ist der Messias Gottes. Mit ihm ist die neue Zeit angebrochen. Jetzt gibt es für die Liebe Gottes keine Grenzen mehr. Gerade den Enttäuschten und in irgendeiner Weise Behinderten will Gott nahe sein. Deshalb ist Jesus zu diesen Menschen hingegangen, hat sie so angenommen, wie Gott selbst das meint.« – »Schade, dass Jesus schon tot ist, sonst wäre er vielleicht auch zu mir gekommen«, sagte leise der Minister. – »Er ist ja zu dir gekommen!« – »Wie meinst du das, Philippus?« – »Wir spüren, dass er unter uns lebendig ist, wenn wir das tun, was er getan hat.« – »Willst du damit sagen, dass er dich zu mir geschickt hat?« – »Ja genau, so kann man das sagen. Ich hatte tatsächlich plötzlich das Gefühl, dass ich hier auf der einsamen Landstraße nach Süden wandern sollte. Da würde irgendein Mensch mich brauchen. Ich kam mir dabei selbst etwas komisch vor. Aber dann sah ich dich, hörte dich lesen und wusste, dass du mich brauchst. Jetzt bin ich sehr froh darüber, dass ich mich von dem ›heiligen Geist‹ – so nennen wir den guten Geist von Jesus – habe führen lassen. Und so ist Jesus jetzt wirklich bei uns.«

Der afrikanische Minister sagte lange nichts. Er war tief berührt von alledem: »Jetzt bin ich dem ganz nahe, was ich so lange vergeblich gesucht habe. Das ist es. Jetzt bin ich dem Leben auf der Spur. Sie sprachen noch lange über Jesus und wie man in seinem Sinne leben kann. Dann fragte der Minister, ob und wie er in die Gemeinde der Freunde von Jesus aufgenommen werden könnte. Philippus erklärte ihm die Taufe als ein Zeichen dafür, dass ein Mensch dies neue Leben als Christ anfangen und das alte hinter sich lassen wolle. »Das ist wie ein Sterben und von neuem zum Leben kommen.« –

Sie kamen an einem Gewässer vorbei und der Minister ließ den Wagen halten. »Willst du und kannst du mich hier taufen, Philippus?« – »Ja, ich weiß, dass es dir ernst damit ist und du auf dem Weg zum neuen Leben bist. Komm!« – So stiegen sie beide aus und gingen an das Wasser. Sie stiegen hinein, Philippus tauchte den Minister unter, half ihm dann wieder auf und vertraute sein Leben Gott, dem Schöpfer, der Liebe Jesu und der Führung des heiligen Gottesgeistes an. Dann umarmten sie sich wie gute Freunde.

Als der Minister dann seine abgelegten Sachen wieder übergezogen und sich etwas abgetrocknet hatte, sah er sich nach Philippus um. Aber der war nicht mehr zu sehen. »Sicher wird er schon wieder von anderen Menschen gebraucht«, dachte er und stieg in den Wagen. Er fühlte sich wie neugeboren und sang fröhlich ein Lied des Dankes und der Freude vor sich hin auf dem neuen Weg seines Lebens.

Die Umkehrung des Paulus

(Apostelgeschichte 9)

Glänzend war dieser Mann. Nicht sehr groß gewachsen, aber Köpfchen hatte er und eine unwahrscheinliche Energie, seine Überzeugungen durchzusetzen. Fließend sprach er mehrere Sprachen, war in der Schule einer der besten gewesen, wurde als Student der bevorzugte Schüler eines der bekanntesten Professoren seines Landes. In seinen Reden konnte er die Hörer überzeugen und begeistern, in Diskussionen war ihm kaum einer gewachsen. Aber seine besondere Stärke waren seine Briefe an Gruppen von Leuten, die er einmal überzeugt hatte. Diese Briefe gehören noch heute, nach zweitausend Jahren, zu den meistgelesensten Schriften der Weltliteratur. Immer noch beschäftigen sich hunderte von Wissenschaftlern damit, sie zu erklären.

Saulus hieß dieser Mann, im Ausland nannte er sich später Paulus. Er machte es sich nicht leicht. Auf viele Freuden des Lebens verzichtete er, um sich ganz für den Glauben an Gott, für Recht und Ordnung unter den Menschen einzusetzen. Wie er selbst streng nach der Religion lebte, so forderte er das auch von anderen: »Wenn sich nur alle Menschen richtig Mühe geben und nach den Geboten und Anweisungen Gottes leben würden, dann wäre in der Welt bald alles in Ordnung, würde die neue Welt Gottes anfangen.«

Aber viele Menschen nehmen es nicht so genau, machen es sich zu leicht, suchen nur ihren eigenen Vorteil, ihre eigennützige Freiheit, wollen ihr Leben genießen auf Kosten anderer. Gegen solche Leute war er sehr hart. Sie waren nach seinem Urteil am Unheil in der Welt Schuld.

Er gehörte dem jüdischen Volk und Glauben an. Als er hörte, dass es in seinem Lande Christen gäbe, eine kleine Gruppe von Leuten, die einen Jesus aus Nazareth als Sohn Gottes bezeichneten, da richtete sich seine Empörung und sein zorniger

Eifer gegen sie. Dieser Jesus war doch vom obersten Glaubensgericht in Jerusalem als Gotteslästerer zum Tode verurteilt und dann hingerichtet worden. Da kann unmöglich der Segen Gottes drauf ruhen, sonst hätte Gott ihn vor diesem schändlichen Ende bewahrt. Und als er dann noch hörte, dass die Christen arme, kranke und behinderte Menschen, ja sogar Leute mit schlechtem Ruf in ihre Gemeinschaft aufnahmen, weil Jesus das auch so gemacht hätte, da steigerte sich seine Empörung und Verachtung in Hass.

Er ging zur Polizei und ließ sich zum Sonderbeauftragten ernennen, um die Christen in der Stadt Jerusalem und in der Umgebung aufzuspüren, zu verhaften und vor Gericht zu bringen. »Die müssen alle weg«, sagte er, »damit die Welt endlich in Ordnung kommt.« Und wenn Christen dann wegen Gotteslästerung zum Tode verurteilt wurden, dann war er stolz auf seine Leistung zur Ehre Gottes.

Als er dort eine Weile gegen die Christen gewütet hatte, hörte er, dass es im Norden, in der syrischen Stadt Damaskus, noch Christen gäbe. Er ließ sich einen Dienstausweis vom Hohenpriester in Jerusalem ausstellen, um auch dort gegen die Christen vorgehen zu können. Er nahm einige Polizisten mit, um die dort aufgespürten Christen verhaften und zum Gericht nach Jerusalem abtransportieren zu können.

Als Saulus nun mit seinen Polizisten dicht vor der Stadt Damaskus war, da geschah etwas sehr Seltsames. Saulus hatte sich gerade wieder so richtig in Wut geredet gegen Jesus und seine Freunde, die Christen. Da sahen die Polizisten ihn plötzlich unerklärliche Bewegungen machen: Er sah völlig abwesend zum Himmel auf, hielt sich dann beide Hände vor das Gesicht, schwankte und fiel um. Sie standen ratlos, wussten nicht, ob sie ihm aufhelfen sollten oder nicht. Da hörten sie ihn etwas fragen, aber so, als ob er gar nicht zu ihnen sprach. Sie sahen sich um. Es war niemand außer ihnen zu sehen.

Da versuchten sie doch, ihm aufzuhelfen. Er bewegte sich, richtete sich mühsam auf, schwankte dann aber wieder hilflos und streckte die Arme tastend vor. Da merkten sie, dass er nicht mehr sehen konnte. Einer fasste ihn vorsichtig am Arm, stützte ihn und fragte: »Was ist denn bloß passiert, Saulus?« – »Er hat mich gerufen«, stammelte er. – »Wer denn? Es war doch niemand da außer uns. Und wir haben nichts gehört.« – »Jesus« – »Was? Wer?« – Sie sahen ihn völlig entgeistert an. Da erzählte er kurz: »Erst wurde es ganz dunkel vor meinen Augen, ich sah den Weg nicht mehr und euch nicht mehr. Dann sah ich plötzlich ein ganz helles Licht vom Himmel her. Ich fühlte mich bis in den Grund meines Seins durchschaut. Da muss ich wohl das Gleichgewicht verloren und hingefallen sein. Ich habe das nicht gemerkt. Denn ich hörte deutlich meinen Namen, zweimal meinen Namen. Und dann die Frage: ›Warum verfolgst du mich?‹ Als ich fragte, wer er sei, der da redete, hörte ich ganz klar sagen: ›Ich bin Jesus, gegen den du so besinnungslos wütest.‹ Seine Stimme war ohne Vorwurf, eher freundlich. Sie drang in mich ein, und ich fühlte, dass sie mich von Grund auf verwandelte. Ich kann das schwer beschreiben. Jedenfalls wusste ich, dass mein Leben jetzt völlig anders verlaufen wird als bisher.« –

Die Polizisten standen verwirrt: »Was soll denn jetzt geschehen? Gehen wir zurück nach Jerusalem? Sollen wir für dich einen Wagen besorgen?« – »Nein«, sagte Saulus, ich muss nach Damaskus rein. Und was dann weiter mit mir wird, weiß ich jetzt noch nicht. Ich werde es dort aber erfahren. Bitte führt mich!« Sie sahen ihn erstaunt an, zuckten dann die Schultern und führten ihn in die Stadt. Dort hatten sie Unterkunft bestellt im Gasthaus eines Juden namens Judas – so hießen damals dort viele Leute –, in der Geraden Straße. Dort wollte er gleich in das für ihn reservierte Zimmer gebracht und allein gelassen werden. Nein, essen wollte er jetzt nichts, auch nicht trinken, auch sonst nichts. »Vielen Dank!« Sie ließen ihn allein.

Judas, der Wirt, wollte natürlich gleich wissen, was denn mit dem Gast wäre: »Ist das nicht Saulus, der Beauftragte aus Jerusalem zur Überprüfung des Glaubens hier bei uns? Wir Juden erwarten den doch schon, damit er hier endlich Ordnung schafft.

Die Christen hier haben allerdings große Angst vor ihm, verständlich. Ist er das denn?« – »Ja, das ist er.« – »Aber blind? Davon haben wir nie etwas gehört.« – »War er bisher auch nicht. Erst unterwegs, hier kurz vor der Stadt, ist er es plötzlich geworden. Wir wissen selbst nicht, warum, haben auch nicht richtig verstanden, was er dazu sagte.« –

Es sprach sich bei den Christen in Damaskus schnell herum, dass der gefürchtete Saulus aus Jerusalem zwar angekommen, aber merkwürdigerweise plötzlich blind sei, auch sonst durcheinander, vielleicht auch krank, nichts essen und trinken und mit niemandem reden wolle und so allein im Gasthaus Judas in seinem Zimmer säße.

Dort dachte Saulus angestrengt über alles nach: Wenn Jesus zu ihm gesprochen hatte – und daran war kein Zweifel! – dann konnte Jesus doch nicht einfach tot sein, wie er bisher gedacht hatte. Und das Licht – das war das Licht des Himmels, auch kein Zweifel! Dann hatten die Christen ja Recht! Jesus war von Gott und als Sohn lebendig bei Gott! – »Dann ist mein bisheriges Leben ja völlig verkehrt gewesen! Ich habe nicht nur gegen die Christen, ich habe gegen Gott selbst gewütet, dem damit zu dienen ich so stolz war! – Gott, was bin ich für ein erbärmlicher Mensch! Ich habe ja die Gemeinde Gottes verfolgt!« – Und Jesus hatte so freundlich zu ihm gesprochen trotz allem, was er auf dem Gewissen hatte, wofür er nur Ablehnung, Verurteilung, harte Strafe verdient hätte. Das war es also, was die Christen meinten, wenn sie sagten: Nicht harte Worte verwandeln den Menschen, bringen ihn auf den Weg zu Gott. Sondern nur die Liebe, die von Herzen kommt, die sich dem anderen zuwendet, ihn versteht, ihm alles vergibt und zum neuen Leben hilft. Anerkennung bei Gott findet man nicht dadurch, dass man sich anstrengt, gut und besser zu sein. Dann vergleicht man sich nur mit anderen. Und das trennt die Menschen. Verstehende, einsichtige Liebe zu anderen, die allein führt Menschen zueinander und zu Gott.

Saulus versuchte zu beten, zu Jesus zu sprechen wie zu Gott.

Und er spürte, dass eine befreiende Kraft in seine Gedanken kam, spürte Vertrauen und Liebe statt Härte und Hass. Da wusste er, dass er jetzt seine ganze Energie und Überzeugungskraft für diesen neuen Glauben an Jesus einsetzen musste, so schwer das auch sein würde. Nun würde er doch den ganzen Hass der Juden zu spüren bekommen, mit dem er bisher die Christen und ihren Glauben bekämpft hatte.

Zu der Zeit saß in der gleichen Stadt Damaskus ein anderer Mann allein in seinem Zimmer und dachte betend nach. Es war einer der Christen dort, Hananias. Er hatte davon gehört, dass dieser Wüterich Saulus aus Jerusalem in die Stadt gekommen war, allerdings völlig verwirrt und blind. Irgendein Erlebnis sollte der Grund dafür sein, dass der Saulus nun schon seit drei Tagen ohne zu essen und zu trinken in seinem Zimmer im Gasthaus des Judas in der Geraden Straße saß. – Da kam ihm plötzlich der Gedanke: »Geh doch hin zu diesem Saulus!« – Aber sofort erschrak er auch wieder über diesen Einfall. Was sollte denn das? Ausgerechnet er zu diesem Saulus, der die Christen verfolgte und schon viele von den Freunden auf dem Gewissen hatte? Der doch auch ihn, den Hananias verhaften und zum Todesurteil nach Jerusalem schleppen wollte. Ausgerechnet zu diesem Menschen sollte er gehen? Geschah es dem Saulus nicht völlig zu Recht, dass er jetzt blind war, wo er doch auch vorher schon blind war vor Wut und die Wahrheit nicht sehen wollte? – »Geh hin und rede mit ihm, wie Jesus das getan hätte. Zeige ihm dein Mitgefühl, vergib und hilf ihm!« – Hananias war wirklich sehr erstaunt über diese merkwürdigen Gedanken, die ihm beim Beten in den Sinn gekommen waren. Aber er wusste auch, dass unser Leben weit und groß wird, wenn wir im Sinne Jesu handeln. Und so ging er hin.

Er hatte einige Mühe mit dem Wirt Judas, der ihn nicht zu Saulus lassen wollte. »Der hat doch gesagt, dass er niemanden sehen und sprechen will. Ich weiß nicht, was mit dem Mann los ist, der früher so tatkräftig gewesen sein soll, wie man hört.« – »Darum muss ich ja zu ihm«, sagte Hananias. –

»Aber du bist doch einer der Christen, die Saulus verhaften will. Und gerade du willst zu ihm?« – »Ja gerade ich, weil ich ein Christ bin«, sagte Hananias so bestimmt, dass der Wirt ihn staunend ansah und hinaufführte. Er klopfte, öffnete die Tür, ließ Hananias eintreten, machte die Tür hinter ihm zu.

Hananias blieb innen an der Tür stehen. Saulus richtete sich vom Boden auf, wo er wohl gekniet hatte. Ein kleiner, zierlich gebauter Mann mit auffallendem Gesicht, scharf geschnitten, aber um die hohe Stirn lag etwas Helles, die großen Augen blickten jetzt ziellos und leer. Der Mann suchte mit der Hand, stützte sich dann am Tisch, fragte leise: »Wer bist du?« – »Ich heiße Hananias und bin einer der Christen hier aus der Stadt.« – »Weißt du, wer ich bin?« – »Ja, ich weiß, Saulus.« – »Was willst du, Hananias?« – Der sagte nichts mehr, ging auf Saulus zu, legte vorsichtig den Arm um ihn und drückte ihn liebevoll an sich: »Lieber Bruder Saul!« – Dem kamen die Tränen. Das hatte er nicht erwartet. Er lehnte sich an den fremden, freundlichen Mann wie an einen guten Freund, fühlte sich erleichtert und froh. Hananias sagte: »Ich komme im Namen von Jesus zu dir, den du doch erlebt hast auf dem Weg in unsere Stadt. Du weißt jetzt, wer und wie er ist und warum wir an ihn wie an Gott glauben.« – Saulus nickte. – »Ich möchte für dich beten«, sagte Hananias, »dass du auch wieder mit deinen Augen sehen kannst, nachdem du die Wahrheit erkannt hast. Und dass dein Leben vom guten Geist Jesu erfüllt wird.« – »Ja, tu das für mich, Hananias.«

Hananias legte seine Hände auf Augen und Stirn des Saulus und betete. Als er die Hände wieder sinken ließ, waren die Augen des Saulus verwandelt, blickten nicht mehr ziellos leer, sahen ihn fest und strahlend an. »Jetzt kann ich dich auch mit den Augen sehen«, sagte Saulus, kennen gelernt habe ich dich ohne meine Augen, nur mit dem Herzen. Danke, Hananias, Bruder!« – Dann rief er nach dem Wirt, ließ Essen und Trinken in das Zimmer bringen und sprach noch lange mit Hananias. – Dann ließ er die Polizisten kommen und schickte sie nach Jerusalem zurück: Hier sei nichts mehr zu tun für sie.

Einige Tage später taufte Hananias den Saulus draußen an einer stillen Stelle im Barada-Fluss. Die anderen Christen aus Damaskus waren dabei und luden Saulus anschließend zum Essen ein, das mit einer Feier des Abendmahls begann. So wurde er, vor dem sie alle gezittert hatten, als Bruder unter den Christen aufgenommen, nachdem er sie alle um Vergebung gebeten hatte. Von da ab nannte er sich nicht mehr Saulus, sondern mit seinem anderen ausländischen Namen Paulus, um deutlich zu machen, dass er nun ein anderer geworden war. Paulus heißt der Kleine, der Unbedeutende. Er war nun ein bescheidener liebevoller Mensch geworden, der lieber von seinen Fehlern und Schattenseiten sprach als sich mit seinen Vorzügen groß zu tun.

Einige Tage später – es war Samstag, der Feiertag der Juden – ging Paulus in das jüdische Gemeindehaus zum Gottesdienst. Einer, der ihn von Jerusalem her kannte, flüsterte den anderen zu: »Das ist der berühmte Saulus, der als Beauftragter gekommen ist, die Christen hier aufzuspüren.« – Paulus, der zu den streng religiösen Pharisäern gehört hatte und auch als Prediger ausgebildet war, sagte dem Vorsteher, dass er ein paar Worte im Gottesdienst sagen wolle. »Selbstverständlich, Saulus, das ist eine große Ehre und Freude für die jüdische Gemeinde hier, bitte.« – Als Paulus dann vortrat, bekannte er sich gleich zu Jesus als dem wahren Sohn Gottes, nach dem wir alle unser Leben ausrichten sollen. Alles, womit er früher geglänzt hätte, worauf er mächtig stolz gewesen sei, das sei eigentlich Mist, wie er jetzt erkannt hätte, nachdem er die Liebe und Güte von Jesus erlebt habe. »Das allein ist es, was uns zum Leben bringt!«, rief er.

Für die Leute im Gemeindehaus war das wie ein Schock, könnt ihr euch denken! »Ist der nicht richtig im Kopf?« – Aber als er klar und überzeugend weiter vom Glauben an Jesus Christus sprach, sahen sie ein, dass es kein Irrtum war. Er war Christ geworden. Ausgerechnet der Saulus!

In den Tagen darauf gab es überall heiße Diskussionen in den Häusern, auf der Straße, in den Läden und natürlich besonders im Gemeindehaus der Juden. Dort trat Paulus nun jeden Tag auf. Und da er ein Meister der Diskussion war und die Bibel der Juden, unser Altes Testament, gründlich studiert hatte, bewies er ihnen aus den Prophezeiungen in den alten heiligen Schriften, dass Jesus wirklich der erwartete Zukunfts-Mensch, der Messias Gottes sei, der Christus. Er trieb die dortigen Lehrer des alten Glaubens so in die Enge, dass sie sich schließlich zusammensetzten und beschlossen, diesen Mann vor Gericht zu bringen, damit er wegen Gotteslästerung und Verbreitung von Ketzerei zum Tode verurteilt würde.

Paulus erfuhr davon. In der Nacht wollte er aus der Stadt Damaskus fliehen. Aber alle Stadttore hatten die Glaubenslehrer streng bewachen lassen. Die Mauern rings um die Stadt aber waren so hoch und außen glatt, dass an Klettern nicht zu denken war. Da besorgten die christlichen Freunde noch in der Nacht ein langes Seil und einen großen Korb. Damit ließen sie den Paulus über die Stadtmauer hinab ins Freie und er entkam.

Tausende von Kilometern ist dieser Mann dann durch die Länder um das Mittelmeer gelaufen, hat vielfältige Gefahren auf den Straßen, hat Hass und Verfolgung, Gefängnisse und Folter überstanden. Vor einfachen Leuten wie vor Königen hat er den neuen Glauben an Jesus Christus bezeugt, neue Gemeinden von Christen gegründet und viele Briefe an sie geschrieben, die in unserer Bibel stehen. Der wichtigste Gedanke dieses Apostels Paulus: Versuche nicht, dich selbst gut zu machen und damit zu glänzen. Alles, was du bist und kannst, ist dir von Gott geschenkt. Vertraue auf seine Liebe, die dir in den Worten von Jesus und seinen Freunden und in ihrer Gemeinschaft begegnet. Diese Liebe erträgt deine Schwächen und heilt deinen Kummer, damit du andere Menschen ertragen und ihnen beistehen kannst. Das allein hat Zukunft und kann die Welt heilen.